PRACTICE
MAKES
PERFECT™

Italian

Vocabulary

PRACTICE MAKES PERFECT™

Italian Vocabulary

Second Edition

Daniela Gobetti

Mc
Graw
Hill

New York   Chicago   San Francisco   Lisbon   London   Madrid   Mexico City
Milan   New Delhi   San Juan   Seoul   Singapore   Sydney   Toronto

1 2 3 4 5 6 7 8 9 10 11 12 13 14 15 16 17   QDB/QDB   1 9 8 7 6 5 4 3 2 1

ISBN   978-0-07-176096-6
MHID   0-07-176096-2

e-ISBN   978-0-07-176097-3
e-MHID   0-07-176097-0

Library of Congress control number 2011922815

Interior design by Village Typographers, Inc.

McGraw-Hill books are available at special quantity discounts to use as premiums and sales promotions or for use in corporate training programs. To contact a representative, please e-mail us at bulksales@mcgraw-hill.com.

This book is printed on acid-free paper.

Contents

Introduction

This book provides readers with basic Italian words in a variety of fields, and with exercises to practice how those words are used. It is divided into sixteen units corresponding to as many themes. In each unit words are clustered according to sub-themes, but within each sub-theme I have chosen to list nouns separate from verbs, pronouns, and so forth, rather than list them thematically.

Italian is a rule-based, rather than a pattern-based language. Familiarity with grammar rules is therefore indispensable even at the elementary level. While doing the exercises, users are encouraged to keep a grammar book, a verb book, and a dictionary at hand to clarify their doubts. Here I wish to provide just a few reminders.

- I have clustered together adjectives, adverbs, and phrases that are used to qualify nouns or verbs, because it often happens that a qualifier conveyed by an adjective in English is conveyed by an adverb or phrase in Italian, and vice versa. Adjectives and phrases composed of an adjective and a preposition, such as **bello** (*beautiful*), **grande** (*large, great*), **piccolo** (*small, little*), **solo** (*alone*) and **da solo** (*alone*), **da piccolo** (*as a kid/young boy*), **da grande** (*as an adult*), etc., must be coordinated in gender and number with the noun to which they refer. Adverbs such as **bene** (*well*), **velocemente** (*fast*), etc., are unchangeable, as are the complements **a disagio** (*not at ease, uneasy*) and **di corsa** (*in a hurry*), which are formed of a noun and a preposition.
- Italian is rich in compound nouns, which can be formed by an adjective and a noun or a noun followed by a phrase (called a "complement" in Italian) that changes its basic meaning: **la malattia tropicale** (*tropical disease*), **la barca a vela** (*sailing boat*), **la tazza da tè** (*teacup*). Only when compound nouns are formed by adding an adjective do the rules of coordination apply: **la guida <u>turistica</u>** (*tourist guide*), **le guide <u>turistiche</u>** (*tourist guides*).

  When the context is clear, the adjective or complement used as a qualifier can be dropped. I have listed in square brackets the word that can be omitted: **i [pomodori] pelati** (*peeled tomatoes*); **le patatine [fritte]** (*potato chips*).

  In general, square brackets are used to indicate that the word or words in question can be omitted.
- I have listed nouns in the masculine, unless the noun happens to be feminine: **la guida** (*guide*), **la persona** (*person*). The notation (m. and f. / f. and m.) (masculine and feminine / feminine and masculine) means that the

word in question can refer to either gender, even if the gender of the word is only masculine or feminine.

Since the masculine is the default gender in Italian, the masculine plural of nouns ending in -**a** can be used for women as well: **l(o)'alpinista** (*male mountain climber*), **l(a)'alpinista** (*female mountain climber*) → **gli alpinisti** (*male, female, or male and female mountain climbers*). But nowadays you can assume that, in everyday language, when the singular takes the feminine article, the plural will do so as well: **la pediatra** → **le pediatre** (*female pediatricians*), **la fisioterapista** → **le fisioterapiste** (*female physical therapists*).

I have not given the plural of nouns, but for exceptions such as **l'uovo** → **le uova** (*egg* → *eggs*), some compound nouns (**il lavapiatti, le lavapiatti**), and nouns ending in -**o** in the singular and -**a** in the plural (**il dito, le dita**).

I have added the notations (sing.) or (pl.) to some nouns to indicate that the noun only has the singular or the plural, or that in the context in which it is introduced it is used mostly in the singular or in the plural.

◆ Italian verbs in compound tenses can take as auxiliary either **avere** (*to have*) or **essere** (*to be*). The reflexive and passive forms require the auxiliary **essere**. When verbs are in the active form, transitive verbs always take **avere**. We call transitive those verbs whose action falls directly on an object. Intransitive verbs, which only take an indirect object introduced by a preposition, usually take **essere**. Since there are, however, a good number of intransitive verbs that take **avere**, and some verbs that can take either **avere** or **essere**, I have given the auxiliary or auxiliaries after these verbs.

As readers know, Italian has many irregular verbs. I have not dwelled on this point in the text. Consult a book listing all conjugations if you are in doubt.

◆ I have given only basic information about how to use pronouns and prepositions. For details, I wish to refer readers to *Practice Makes Perfect: Italian Pronouns and Prepositions.*

◆ I have not devoted specific sections of this book to coordinating and subordinating conjunctions, but I have listed "question words," and used some conjunctions in exercises: **e** (*and*), **ma** (*but*), **o** (*or*); **quando** (*when*), **perché** (*because*), **se** (*if/whether*), etc.

◆ Italian is rich in words taken from other languages: Latin, French, Arabic, German, etc., and now English above all. Pronunciation of these words is often "Italianized." And non-Italian words will always follow the rules of Italian grammar when it comes to placement in a sentence.

Words taken from other languages used to be considered all masculine and unchangeable, but that rule is often disregarded. When a noun refers to a human being, the masculine form can be used to refer to a man or a woman, **il leader, il partner,** but you will also find the feminine used: **la leader, la partner.** Nouns that refer to objects take the article of the corresponding Italian words, when there is one: **la star del cinema (f. and m.)** (*movie star*), because in Italian we can say **la stella del cinema**. In the plural, you may find the English plural used: **il film, i films.**

To conclude, I have chosen words that are widely used, and I have given their idiomatic equivalents in Italian: the literal translation of the English word *projects* is **i progetti**, but used in reference to housing it corresponds to **le case popolari / l'edilizia agevolata**. You will find *project* translated as **il progetto** in another part of the book.

Buon lavoro!

Italian

Vocabulary

Family

A typical Italian family is composed of father, mother, and often just one child, because Italy is one of the countries in the world with the lowest birthrate. Since most Italians live with their parents until they get married, and reside in or near the town where they were born, family relations remain strong. However, the rate of divorce has been growing, especially among people with young children, as have unconventional families.

It is still common for elderly parents who are no longer independent to join their children's household. Whey they cannot, the alternative to a retirement home is to remain at home assisted by a **badante** (*caretaker*), usually an immigrant woman from eastern or central Europe, South America, or the Philippines.

il bambino; il figlio	*child*
la famiglia	*family*
la figlia	*daughter*
il figlio	*son*
i fratelli [e/o le sorelle] (pl.)	*siblings*
il fratello	*brother*
i genitori (pl.)	*parents*
la madre	*mother*
la mamma	*mom*
il padre	*father*
il papà	*dad*
la sorella	*sister*
l(a)'unità famigliare; la famiglia	*household*

I miei figli sono già grandi.	*My children are grown up.*
Sono in cinque tra fratelli e sorelle.	*They are five siblings.*

Close relatives

la cognata	*sister-in-law*
il cognato	*brother-in-law*
il cugino	*cousin*
il gemello	*twin*
il genero	*son-in-law*
il nipote	*grandson; nephew*
la nipote	*granddaughter; niece*
i nipotini (pl.)	*grandchildren*
la nonna	*grandmother*
il nonno	*grandfather*
i nonni	*grandparents*

la nuora	daughter-in-law
il, la parente	relative
la suocera	mother-in-law
il suocero	father-in-law
la zia	aunt
lo zio	uncle

Vedi quella ragazza? È mia nipote. — *See that girl? She's my niece.*
Vedi quella ragazza? È mia nipote. — *See that girl? She's my granddaughter.*
Carlo frequenta poco i suoi parenti. — *Carlo doesn't see his relatives much.*

ESERCIZIO 1·1

The list below includes several members of the family. For each, give the complementary person.

EXAMPLE il fratello <u>la sorella</u>

1. il cognato _____

2. il fratello _____

3. il genero _____

4. il papà _____

5. il suocero _____

6. la cugina _____

7. la figlia _____

8. la nipote _____

9. lo zio _____

Engagements and weddings

la coppia	couple
la fidanzata	fiancée
il fidanzato	fiancé
il marito	husband
la moglie	wife
la sposa	bride
lo sposo	groom
lo sposo; il, la consorte	spouse
il testimone	best man
la testimone	bridesmaid

Sono una bella coppia. — *They are a nice couple.*
Oggi sposi! — *Just married!*

Complete the following sentences with the most appropriate noun, choosing from the ones suggested after each sentence.

1. Non è sua moglie, è la sua _____.
   a. testimone   b. coppia   c. fidanzata

2. Lo sposo ha baciato la _____.
   a. fidanzata   b. sposa   c. moglie

3. La _____ è andata in luna di miele alle isole Maldive.
   a. coppia   b. testimone   c. fidanzata

4. Non è il cugino di Laura, è suo _____.
   a. testimone   b. marito   c. moglie

Other relationships

l(o, a)'amante	*lover*
il compagno; il, la partner	*companion; partner*
la figliastra (derogatory, rarely used)	*stepdaughter*
il figliastro (derogatory, rarely used)	*stepson*
il figlio adottivo	*adopted son*
la matrigna (derogatory, rarely used)	*stepmother*
il patrigno (derogatory, rarely used)	*stepfather*
la mia, tua, sua, etc. **ragazza**	*my, your, his, etc., girlfriend*
il mio, tuo, suo, etc. **ragazzo**	*my, your, her, etc., boyfriend*
il, la single	*single man/woman*
la vedova	*widow*
il vedovo	*widower*

Sono molto attaccata ai figli di mio marito.	*I'm very attached to my stepchildren.*
Le single sono in aumento.	*The number of single women is growing.*

Used in the plural, a masculine noun indicates a group of males and a group of males *and* females: **i figli**, *sons* or *sons and daughters*; **le figlie** means *daughters*. Some nouns are gender specific in the singular and the plural:

il fratello / la sorella	*brother/sister*
il genero / la nuora	*son-in-law/daughter-in-law*
il marito / la moglie	*husband/wife*
il maschio / la femmina	*male/female*
il padre; il papà / la madre; la mamma	*father; dad / mother; mom*
l'uomo / la donna	*man/woman*

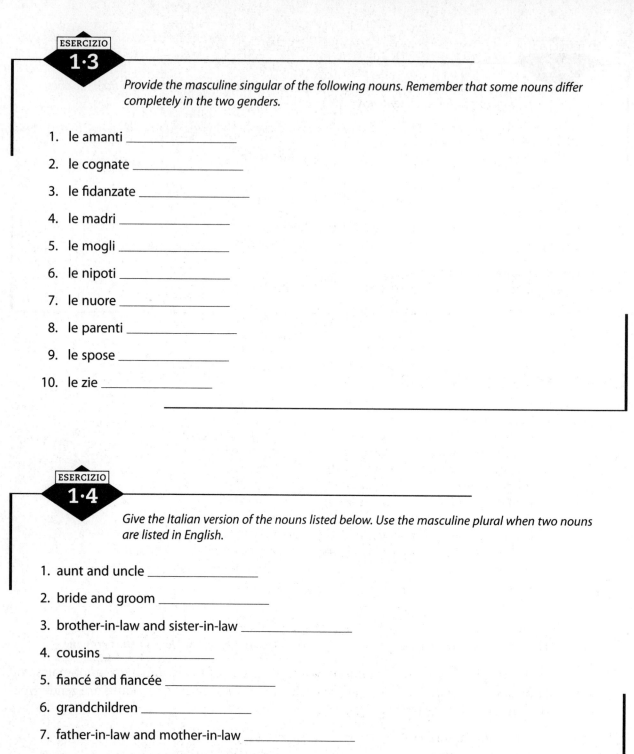

Provide the masculine singular of the following nouns. Remember that some nouns differ completely in the two genders.

1. le amanti _____

2. le cognate _____

3. le fidanzate _____

4. le madri _____

5. le mogli _____

6. le nipoti _____

7. le nuore _____

8. le parenti _____

9. le spose _____

10. le zie _____

Give the Italian version of the nouns listed below. Use the masculine plural when two nouns are listed in English.

1. aunt and uncle _____

2. bride and groom _____

3. brother-in-law and sister-in-law _____

4. cousins _____

5. fiancé and fiancée _____

6. grandchildren _____

7. father-in-law and mother-in-law _____

8. nephew and niece _____

Articles

In Italian the definite articles are: **il**, **lo**, **l(o)'**, **i**, **gli**, **la**, **l(a)'**, **le**; the indefinite articles: **un**, **uno**, **una/ un'** (*a, an*). We can also use indefinite qualifiers such as **un po' di** (*a little of; some*), **molto** (*very;*

much; a lot of), **poco** (*too little*), **tanto** (*so much*), and the **preposizione articolata** (*preposition + article*) **del, dello** (**dell'**), and **della** (**dell'**, *some*).

With uncountable nouns, Italian uses the definite article and indefinite quantifiers, but not the indefinite article **un, uno,** etc. We can convey indefinite quantities of countable nouns in the plural with **alcuni** (*some; any; a few*), **qualche** (*some,* followed by the singular, but conveying a plural meaning), **molte** (*many; a lot*), **poche** (*few*), **tante** (*so many*), and **dei, degli,** and **delle** (*some*):

l(o)'affetto (*countable and uncountable*)	*affection; care*
l(o)'amore (*countable and uncountable*)	*love; love affair*
l(o)'anello di fidanzamento	*engagement ring*
l(o)'anniversario	*anniversary*
la bugia	*lie*
il divorzio	*divorce*
la fede [nuziale]	*wedding ring*
la fiducia (*uncountable*)	*trust; faith*
il litigio	*argument*
la luna di miele	*honeymoon*
il matrimonio	*marriage; wedding*
le nozze (pl.)	*wedding*
la promessa	*promise*
la relazione [extraconiugale]	*(love) affair*
la separazione	*separation*
il tradimento	*betrayal*

Provo un grande affetto per te.	*I feel great affection for you.*
Casanova è famoso per i suoi amori.	*Casanova is famous for his love affairs.*

ESERCIZIO
1·5

Translate the following expressions into English.

1. un po' di affetto _____

2. l'anello di fidanzamento _____

3. un anniversario _____

4. delle bugie _____

5. poca fiducia _____

6. la luna di miele _____

7. un matrimonio _____

8. un amore _____

Possessive adjectives carry the article. They do not when they refer to family members in the singular form (note, however, that the possessive adjective **loro** always carries the article): **mia madre** (*my mother*); **suo marito** (*her husband*); **nostro figlio** (*our son*), unless a qualifier, including a possessive adjective, accompanies the noun: **la mia mamma** (*my mom*); **il figlio più grande** (*the older son*). Possessives are coordinated in gender with the person (or thing) to which they refer, and in number with the owner and with the "thing" owned.

la zia mia e di mia sorella → nostra zia	*our aunt*
lo zio di Pietro → suo zio	*his uncle*
il gatto di Gianna → il suo gatto	*her cat*
le gatte di Gianna → le sue gatte	*her cats*

Possessive pronouns *always* carry the article. And **i miei, i suoi**, used by themselves, mean: *my parents, relatives*, etc. We do not use it for the third person plural: **i loro**.

Possessive adjectives and pronouns

il mio, la mia, i miei, le mie	*my; mine*
il tuo, la tua, i tuoi, le tue	*your; yours*
il suo, la sua, i suoi, le sue	*his; her; hers; its*
il Suo, la Sua, i Suoi, le Sue	*your; yours (you formal, sing.)*
il nostro, la nostra, i nostri, le nostre	*our; ours*
il vostro, la vostra, i vostri, le vostre	*your; yours*
il loro, la loro, i loro, le loro	*theirs*
il Loro, la Loro, i Loro, le Loro	*your; yours (you formal, pl.)*

ESERCIZIO
1·6

Add the appropriate possessive to the following sentences.

1. I fratelli di vostro padre sono i _____ zii.

2. Il figlio di mio fratello è _____ nipote.

3. Il padre del loro papà è il _____ nonno.

4. Il padre di suo marito è _____ suocero.

5. La figlia di mia sorella è _____ nipote.

6. La sorella di tua madre è _____ zia.

7. Le cugine di nostra sorella sono anche le _____ cugine.

Verbs

abbracciare	*to embrace; to hug*
abitare (con) (aux. avere); vivere (con) (aux. **avere/essere**)	*to live (with)*
aiutare	*to help*
amare	*to love*
andare d'accordo (con)	*to get along well (with)*
corteggiare	*to court*
divorziare (da) (aux. avere)	*to divorce (from)*
fare l'amore (con)	*to make love (with)*
fidanzarsi (con)	*to get engaged (with)*

fidarsi (di)	*to trust*
innamorarsi (di)	*to fall in love (with)*
lasciare	*to leave*
litigare (con) (aux. **avere**)	*to argue (with)*
odiare; detestare	*to hate*
perdonare	*to forgive*
piacere (a)	*to like; to be pleasing to*
promettere (a) (aux. **avere**)	*to promise (to)*
rimproverare	*to scold*
sposare	*to marry*
tradire	*to betray*
viziare	*to spoil (a person)*
voler bene (a) (aux. **avere**)	*to care for; to love*

Le piacciono i bambini.	*She likes children.*
Mio nonno ha vissuto bene e a lungo.	*My grandfather had a good and long life.*
Bianca è vissuta per molti anni in Brasile.	*Bianca lived many years in Brazil.*

ESERCIZIO
1·7

Complete the following sentences with one of the verbs listed below each of them.

1. I suoi genitori _____ dopo trent'anni di matrimonio.
   a. sposano   b. amano   c. divorziano

2. Lui dice che _____ sua moglie, ma continua a vivere con lei.
   a. perdona   b. ama   c. odia

3. Mio marito mi _____ con la mia migliore amica.
   a. vive   b. tradisce   c. corteggia

4. Non puoi _____ Luigi? Ti ha tradito, ma ti ama ancora.
   a. perdonare   b. viziare   c. abbracciare

5. Se lo _____ davvero, aiutalo a fare quello che desidera.
   a. ami   b. odi   c. rimproveri

In the infinitive, Italian verbs end in **-are**, **-ere**, or **-ire**: am-**are** (*to love*), **promett-ere** (*to promise*), **pun-ire** (*to punish*). In the reflexive form, they end in **-arsi**: sposarsi (*to get married*), **-ersi**: prendersi cura di (*to take care of*), and **-irsi**: sentirsi (*to feel*) (aux. **essere**). The reflexive form also indicates a reciprocal action, conveyed in English with the phrases *one another, each other, mutually,* etc.

Si è comportata male.	*She misbehaved. / She behaved badly.*
Elena e Vincenzo si amano.	*Elena and Vincenzo love each other.*
Giovanna e Filippo si odiano.	*Giovanna and Filippo hate each other.*

Reflexive pronouns

mi	*myself*
ti	*yourself*
si	*himself/herself; oneself; itself*
Si	*yourself* (you formal, sing.)
ci	*ourselves*
vi	*yourselves*
si	*themselves*
Si	*yourselves* (you formal, pl.)

ESERCIZIO 1·8

Turn the following verbs into reflexive verbs.

1. abbracciare _____

2. aiutare _____

3. amare _____

4. perdonare _____

5. sposare _____

6. tradire _____

7. promettere _____

8. voler bene _____

ESERCIZIO 1·9

In the following sentences, add the verb and the reflexive pronoun. Use the present indicative or the present perfect.

1. Io _____ _____ da sola: vado dal massaggiatore tre volte la settimana. (viziare)

2. Vuoi _____ il giorno di Natale? (sposare)

3. Marina e Augusto _____ _____ ufficialmente tra due settimane. (fidanzare)

4. Elena e Piero _____ _____ _____. (voler bene)

5. Non so se tu e tuo marito _____ _____ ancora. (amare)

6. Renato ed io _____ _____ _____ di non litigare più. (promettere)

The pronoun **si** also means *one, people, we, you, they,* etc. **Si** is used as an impersonal subject which may or may not include the speaker.

Si va al cinema stasera?	*Are we going to the movies tonight?*
Si dice in giro che la sua ditta stia fallendo.	*People say that his firm is going bankrupt.*

Used impersonally, **si** can be followed by the third person singular or plural.

Si apre il negozio alle 9.	*The store opens at 9 A.M.*
Si aprono le porte del teatro alle 9.	*The theater's doors open at 9 P.M.*

ESERCIZIO

1·10

*Translate the following sentences using **si** followed by the verb in the present indicative or the simple future.*

1. One must speak to one's children about drugs.

_____

2. You help your own relatives.

_____

3. They say Elena and Giorgio will get a divorce.

_____

4. We are going to the restaurant tonight.

_____

Describing family relationships

affettuoso	*affectionate*
affezionato (a)	*attached (to)*
amato	*loved*
divorziato	*divorced*
fidanzato	*engaged*
innamorato (di)	*in love (with)*
intimo	*intimate*
materno	*motherly; maternal*
paterno	*fatherly; paternal*
perdonato	*forgiven*
promesso	*promised*
sposato (a/con)	*married (to/with)*
tradito	*betrayed*
vedovo	*widowed*

Elsa è una bambina affettuosa.	*Elsa is an affectionate child.*
Mio fratello è affezionato al suo cane.	*My brother is attached to his dog.*

Give adjectives that correspond to the following definitions.

1. Formally engaged to get married. _____

2. Hidden in one's own self; secret. _____

3. Legally separated from one's spouse. _____

4. Legally united to another person in marriage. _____

5. Someone deeply in love with someone else. _____

6. Someone who survives one's deceased spouse. _____

Pronouns

When we refer to someone whom we have already mentioned, we can use subject, direct object, or indirect object pronouns.

Subject pronouns

io	*I*
tu	*you*
lui/lei	*he/she* (including pets)
esso/essa	*it*
noi	*we*
voi	*you*
loro; essi/esse	*they*

Replace the name or noun referring to a person in parentheses with the appropriate subject pronoun, or add the pronoun when it has been omitted.

1. (I miei cugini) _____ comprano una casa.

2. (I serpenti) _____ non sono pericolosi.

3. (Il serpente) _____ non è pericoloso.

4. (La nostra gatta) _____ ha avuto dieci gattini.

5. (Mario, Gianna ed io) _____ andiamo al cinema.

6. (Suo padre) _____ non sta bene.

7. _____ vai al mare?

8. _____ volete cambiare la prenotazione?

Direct object pronouns

ATTACHED TO OR BEFORE THE VERB	AFTER THE VERB	
mi	me	*me*
ti	te	*you*
lo/la	—	*him/her; it*
—	lui/lei	*him/her* (persons and pets only)
ci	noi	*us*
vi	voi	*you*
li/le	—	*them* (persons and things)
—	loro	*them* (persons only)

ESERCIZIO 1·13

Replace the name or noun referring to a person with the appropriate direct object pronoun, or add the pronoun when it has been omitted. Use the pronouns that can be placed before the verb.

1. Accogliamo gli ospiti. _____ accogliamo.

2. Ascoltano te? _____ ascoltano?

3. Hai comprato le patate? _____ hai comprate?

4. Hai pagato i muratori? _____ hai pagati?

5. Amano molto me e mia sorella. _____ amano molto.

6. Amano molto te e i tuoi fratelli. _____ amano molto.

7. Incontro sua sorella a teatro. _____ incontro a teatro.

8. Mangio la torta. _____ mangio.

Indirect object pronouns

ATTACHED TO OR BEFORE THE VERB		AFTER THE VERB	
mi	*me*	a/per me	*to me*
ti	*you*	a/per te	*to you*
gli	*him/her*	a/per lui/lei	*to him/her* (persons and pets)
—		a/per esso/essa	*to it* (things)
ci	*us*	a/per noi	*to us*
vi	*you*	a/per voi	*to you*
gli	*them*	a/per loro; loro	*to them* (persons and pets)
—		a/per essi/esse	*to them* (things)

Replace the names, nouns, or pronouns with the appropriate indirect object pronoun placed before the verb.

1. Ha comprato una pelliccia per me. _____ ha comprato una pelliccia.

2. Hanno lasciato un messaggio per voi. _____ hanno lasciato un messaggio.

3. Lascio qualcosa da mangiare per il cane. _____ lascio qualcosa da mangiare.

4. Lascio un messaggio per i nostri inquilini. _____ lascio un messaggio.

5. Offri un bicchiere di vino alla signora? _____ offri un bicchiere di vino?

6. Raccontate la storia a noi? _____ raccontate la storia?

7. Servi il cognac a tuo zio? _____ servi il cognac?

8. Vendo a te quel quadro. _____ vendo quel quadro.

People

Italians spend their leisure time with friends as much as with family members. Limited geographical mobility enables people to maintain friendships made even in their childhood or teenage years. People become friends with their peers in college, or through sports, political parties, religious functions, and participation in the countless volunteer organizations existing in Italy, more than through their work environment.

il carattere	*character*
il cognome	*last name*
la donna	*woman*
l(o)'essere umano (m. and f.)	*human being*
la gente (collective sing.) / **le persone;** **le genti / i popoli**	*people; peoples*
l(o)'individuo (m. and f.)	*individual; person*
il nome (proprio)	*(given) name*
la persona (f. and m.)	*person*
la personalità	*personality*
la ragazza	*girl*
il ragazzo	*boy*
il tipo / la tipa	*kind of person; guy; character*
l(o)'umore	*mood*
l(o)'uomo, gli uomini	*man*

Olga è un bel tipo! — *Olga is quite a character!*
Sei di cattivo umore? — *Are you in a bad mood?*

ESERCIZIO
2·1

Complete the sentences on the left with the appropriate noun from those listed on the right.

1. Che _____ hanno dato al bambino?   a. carattere

2. È una donna con una forte _____.   b. cognome

3. Elena ha un buon _____.   c. nome

4. Franco è un _____ un po' strano.   d. personalità

5. Hanno lo stesso _____, ma non sono parenti.   e. persone

6. I suoi vicini sono _____ simpatiche.   f. tipo

Describing personalities

aggressivo	*aggressive*
antipatico	*off-putting*
buono; bravo	*good*
cattivo	*bad*
curioso	*curious*
debole	*weak; fickle*
dolce	*sweet*
forte	*strong*
furbo	*cunning*
generoso	*generous*
normale	*ordinary; normal*
paziente	*patient*
prepotente	*overbearing*
profondo	*profound*
saggio	*wise*
serio	*serious*
severo	*strict*
sicuro di sé	*confident*
simpatico	*nice*
superficiale	*superficial*
timido	*shy*
vivace	*lively; vivacious*

Vittorio è davvero antipatico.	*Vittorio is really off-putting.*
Tuo figlio è molto prepotente.	*Your son is very overbearing.*

ESERCIZIO
2·2

Complete the following sentences, choosing from the adjectives listed below each of them.

1. Sua figlia ha letto tutte le lettere di sua sorella. È una bambina molto _____.
   a. vivace   b. curiosa   c. furba

2. Passa ore e ore nel suo studio a meditare. È un uomo _____.
   a. normale   b. paziente   c. profondo

3. Corre dietro a suo figlio tutto il giorno. È un bambino _____.
   a. vivace   b. prepotente   c. curioso

4. Amministrano bene il suo patrimonio. Sono molto _____.
   a. seri   b. severi   c. pazienti

Personality traits

la bontà	*goodness*
la curiosità	*curiosity*
la debolezza	*weakness*
la forza	*strength*
la furbizia	*cunning*

la generosità	*generosity*
la normalità	*normality*
la saggezza	*wisdom*
la serietà	*seriousness*
la stima; il rispetto	*respect*

Gandhi è un esempio di saggezza.	*Gandhi is an example of wisdom.*
La bambina prende tutto con serietà.	*The little girl takes everything seriously.*

We can derive nouns from adjectives that describe personality traits by adding various endings. One of the most common ending is **-ità** (English *-ity*, as in *curios-ity*), which is added to an adjective by dropping the end-vowel, and sometimes modifying it.

curio*so*	**curio*sità***	*curious*	*curiosity*
seri*o*	**seri*età***	*serious*	*seriousness*
buon*o*	**bontà**	*good*	*goodness*

In Italian most of these nouns are feminine and uncountable, take the definite article, and cannot be used in the plural. We can convey single instances through a periphrasis: **un atto di bontà** (*a good deed*), **(degli) atti di bontà** (*good deeds*), **un atto di generosità** (*an act of generosity*), **(degli) atti di generosità** (*acts of generosity*), etc.

ESERCIZIO
2·3

Turn the adjectives listed below into the corresponding nouns, add the article, and translate them into English. Consult a dictionary if you are not sure of the spelling.

1. aggressivo _____

2. normale _____

3. profondo _____

4. severo _____

5. superficiale _____

6. vivace _____

ESERCIZIO
2·4

Give the noun conveying the characteristic evoked by the situation or event which is described in the following sentences.

1. «Cosa cerchi nella sua scrivania»?! «La lettera della sua prima moglie». _____

2. È una persona che cambia opinione ogni cinque minuti. _____

3. Dopo la guerra, siamo tornati alla solita vita. _____

4. Urlava e minacciava. Che reazione esagerata per quello stupido incidente! _____

5. Ma tuo padre ti sgrida sempre tanto? _____

Adverbs

Adverbs enable us to add important qualifications to situations, actions, and descriptions, by modifying verbs, adjectives, nouns, other adverbs, and entire sentences. With a few exceptions, they change neither gender nor number.

Parla **normalmente**.	She speaks **normally**.
La sua gamba è **molto** debole.	Her leg is **very** weak.
Sei arrivato **troppo** tardi.	You arrived **too** late.

bene	well; good
curiosamente	curiously
debolmente	weakly
dolcemente	sweetly
forte; fortemente	strongly; with great energy
generosamente	generously
male	badly
normalmente	normally
seriamente	seriously

In Italian most adverbs derive from adjectives. Adverbs that emphasize how something is, happens, or is done, are formed usually by adding -**mente** (-*ly, -ily*) to the feminine singular of adjectives in -**o**: **aggressiv-o** → **aggressiv-a** → **aggressiva-mente** (*aggressively*); or to the singular of adjectives in -**e**: **dolce** → **dolce-mente** (*sweetly*). When the last syllable of adjectives in -**e** ends in -**le** or -**re**, the final vowel is omitted: **umil-e** → **umilmente** (*humbly*).

ESERCIZIO
2·5

Turn the following adjectives into adverbs.

1. affettuoso _____

2. intimo _____

3. paziente _____

4. saggio _____

5. severo _____

6. timido _____

7. vivace _____

ESERCIZIO
2·6

Combine the sentence listed in the left column with the appropriate adverb chosen from the right column.

1. A due anni, suo figlio parla già _____.   a. bene

2. Mi ha chiesto _____ un favore.   b. curiosamente

3. Osservava la ragazza _____, come se fosse un'extraterrestre.

    c. generosamente

4. Il preside ci ha puniti _____.

    d. severamente

5. Li hai ricompensati anche troppo _____.

    e. timidamente

Essere

We can add an adjective to the verb **essere** (*to be*) to talk about a state of affairs or a situation. The verb does not take any subject and is always in the singular. It can be followed by the present or the past infinitive, or by a declarative dependent clause introduced by **che**, when we wish to emphasize who is or should be performing an action. When the main clause conveys possibility, uncertainty, or a subjective opinion or feeling, the verb of the dependent clause will be in the subjunctive.

È importante vederla.	*It's important to see her.*
È certo che Adriana è partita.	*It's certain that Adriana left.*
È commovente che tu lo abbia perdonato.	*It's moving that you forgave him.*

Here follows a list of common adjectives used with the verb **essere**.

carino; bello	*nice*
certo; sicuro	*certain*
commovente	*moving*
curioso	*curious*
difficile	*hard; difficult*
facile	*easy*
giusto	*right; fair*
importante	*important*
normale	*normal*
sbagliato	*wrong*
strano	*strange; weird*

ESERCIZIO
2·7

Match the main clause on the left with the appropriate conclusion among those listed on the right.

1. È giusto che loro _____

    a. abbiate invitato mio fratello.

2. È stato piacevole _____

    b. hanno divorziato.

3. È probabile che Luisa _____

    c. passare il Natale in famiglia.

4. È carino che voi _____

    d. sposi Roberto.

5. È certo che Giancarlo e Sandra _____

    e. dicano la verità alla madre.

Social relationships

l(a)'amicizia	*friendship*
l(o)'amico	*friend*
la compagnia	*company*
il complimento	*compliment*
la conoscenza (f. and m.)	*acquaintance*
la conversazione	*conversation*
l(o)'estraneo; lo sconosciuto	*stranger*
il flirt	*flirt; flirtation*
il giovanotto	*young man*
il pettegolezzo	*(piece of) gossip*
il regalo	*gift*
la richiesta	*request*
lo scherzo	*joke*
(la) signora	*lady; Madam; Ms.*
(il) signore	*gentleman; Sir*
(la) signorina	*young lady; Ms.; Miss*
il silenzio	*silence*
la solitudine	*loneliness; solitude*
il vicino [di casa]	*neighbor*
la visita	*visit*

«Hai avuto una storia»? «No, solo un flirt».	*"Did you have an affair?" "No, just a flirtation."*
Sono solo pettegolezzi.	*It's just gossip.*

ESERCIZIO
2·8

Match the first half of the sentences listed on the left with their complementary part among those listed on the right.

1. A mia madre piace _____   a. Andiamo a fargli visita?

2. Enrico non sta bene. _____   b. complimenti per la nuova casa.

3. I due amici fanno _____   c. con gli estranei.

4. I nostri vicini di casa _____   d. la compagnia dei suoi cugini.

5. Le hanno fatto molti _____   e. sono molto gentili.

6. Quando sei al giardinetto, non parlare _____   f. una lunga chiacchierata.

Keeping company and socializing

accompagnare	*to accompany; to go with*
annoiare	*to bore*
aspettare; attendere	*to wait (for)*
aspettarsi (da)	*to expect (from)*
chiamare; telefonare (a)	*to call*

chiamarsi	*to be called; to be named*
comportarsi	*to behave*
conoscere (aux. **avere**); **sapere** (aux. **avere**)	*to know*

Note that **conoscere** means *to be acquainted with*; whereas **sapere** means *to know something, to know how + infinitive.*

Conosci mio fratello?	*Do you know my brother?*
Sapete la poesia a memoria?	*Do you know the poem by heart?*
Sapete come fare ad arrivare a casa?	*Do you know how to get home?*

dare/darsi del Lei	*to be on formal terms*
dare/darsi del tu	*to be on familiar terms*
dire (a)	*to say (to)*
domandare (a); chiedere (a)	*to ask*
fare una domanda (a)	*to ask a question*
frequentare	*to frequent*
importare (a)	*to mind; to matter (to)*
mettersi in contatto (con)	*to get in touch (with)*
offendere	*to offend*
parlare (a/con) (aux. **avere**)	*to speak (to/with); to talk (to/with)*
passare (da)	*to stop by*
ringraziare	*to thank*
rispondere (a); rispondere al telefono	*to answer; to answer the phone*
salutare	*to greet*
scrivere (a)	*to write (to)*
scusare; chiedere scusa (a); chiedere permesso (a)	*to excuse*
scusarsi (con)	*to apologize (with)*
spettegolare (aux. **avere**)	*to gossip*
stare zitto	*to be quiet*
toccare a qualcuno (in coda)	*to be someone's turn (in line)*
uscire (con qualcuno)	*to go out (with someone)*
vedere; andare a vedere; andare a trovare	*to visit*

Ti dispiace se abbasso la radio?	*Do you mind if I turn down the radio?*
Tocca a me, adesso.	*It's my turn.*

ESERCIZIO

2·9

Among the verbs listed above, choose those that describe the following actions. Use the infinitive.

1. A man with a sorry look on his face tries to placate an angry woman. _____

2. A woman is standing outside a movie theater, checking her watch every five seconds. _____

3. Someone with a map stops a passerby for directions. _____

4. You're trying to reach a colleague by phone. _____

5. You've decided to pay a friend an unannounced visit. _____

When we wish to convey how something is done we can use an adverb, or a complement introduced by **con** (*with*) + *noun*, **in maniera** + *feminine adjective* (*in a _____ manner*), or **in modo** + *masculine adjective* (*in a _____ way*). Experience and context will tell you when it is idiomatically more appropriate to use the adverb, and when to use the complement **con** + *noun*, or **in modo / maniera** + *adjective*.

> Li ha rimproverati severamente. → Li ha rimproverati con severità.   *He reproached them severely / with great severity.*
> Parlava curiosamente. → Parlava in maniera curiosa / modo curioso.   *She was speaking curiously / in a curious manner/way.*

ESERCIZIO
2·10

In the following sentences, replace the adverb in parentheses with the corresponding complement. Use either **con** + *noun or* **in modo** + *masculine adjective as indicated.*

1. Ascolta tuo nonno (pazientemente) con _____.

2. Conosciamo i nostri vicini di casa (superficialmente) in modo _____.

3. I nostri fratelli ci hanno ringraziato (affettuosamente) con _____.

4. I suoi genitori parlano del loro figlio medico (orgogliosamente) con _____.

5. Il suo direttore lo tratta (famigliarmente) in modo _____.

6. La bambina ha salutato (timidamente) con _____.

Sharing events with others

accettare	to accept
augurare	to wish
brindare (a)	to toast
celebrare; festeggiare	to celebrate
dare il benvenuto (a)	to welcome
invitare	to invite
offrire (a)	to offer (to)
ospitare	to host
portare	to bring
prendere; portare	to take
presentare (a)	to introduce (to)
regalare	to give
ricevere	to receive; to have someone over
rifiutare	to refuse

Posso presentarla al nostro vescovo?   *May I introduce you to our bishop?*
Ricevono molto.   *They have people over quite often.*

On the board of a college dormitory students have posted notes seeking people for their weekend activities. Match them with the answers left by interested students.

1. Ragazzi, se venite allo stadio, portate i buoni per la pizza. _____

2. Cerchiamo tre rematori per la regata di domenica. _____

3. Diamo il benvenuto alla classe del 2007! Grande festa alla piscina comunale! _____

4. I miei vanno via questo fine settimana. Posso ospitare quattro ragazzi a casa mia! _____

5. Isabella, perché non mi presenti alla tua amica? _____

6. Vendo biglietti per il concerto di Bruce Springsteen. 100 euro l'uno. _____

    a. Accettiamo volentieri, ma non abbiamo i remi.
    b. I buoni per la pizza sono finiti. Portiamo i buoni per McDonald's.
    c. Grazie dell'invito a casa dei tuoi, ma io rifiuto.
    d. Io non sono della classe del 2007. Posso venire lo stesso?
    e. La mia amica è già fidanzata!
    f. Sono senza soldi. Posso offrire sei biglietti per il concerto delle Dixie Chicks.

Social occasions

l(o)'appuntamento	*appointment*
la buona educazione (sing.); le buone maniere (pl.)	*good manners*
la cattiva educazione (sing.); la maleducazione (sing.); le cattive maniere (pl.)	*bad manners*
il compleanno	*birthday*
il comportamento	*behavior*
la domanda	*question*
il favore; il piacere	*favor*
la festa / il party	*party*
la gentilezza	*kindness*
l(o)'invito	*invitation*
il numero di telefono / telefonico	*telephone number*
l(o, a)'ospite; l(o)'invitato	*guest*
l(o, a)'ospite; il padrone / la padrona di casa	*host; hostess*
i ringraziamenti (pl.)	*thanks*
la risposta	*answer*
Puoi farmi un favore?	*Could you do me a favor?*
Mamma mia, che maleducazione!	*Good gracious, what bad manners!*

Donatella and her sister-in-law, Marianna, are inviting people to a surprise party for Donatella's husband's birthday. Complete the dialogue using words listed in Units 1 and 2.

1. «_____, Marianna, sono Donatella. Come va»?

2. «Va benissimo. Mi _____ a organizzare la festa? Vorrei invitare non più di venti _____».

3. «Vuoi che telefoni agli ospiti o vuoi mandare degli _____»?

4. «Puoi mandarli tu? Ma non voglio _____ Anselmo».

5. «Non lo vuoi invitare, dici? Perché no? È un _____ brillante».

6. «L'ultima volta il suo _____ è stato orribile. Ha delle _____ pessime».

7. «Come vuoi tu. Questa è la tua _____."

Responses

As Donatella and Marianna's conversation shows, adverbs, nouns, adjectives, names, and verbs can be used as interjections, invariable parts of speech which can express emotions on the part of the speaker—*Ouch!*—or carry specific meanings—*Hello!*

Rosanna non viene. Peccato!	*Rosanna's not coming. Pity!*
Mamma, ho fame!	*Mom, I'm hungry!*
arrivederci (informal); **arrivederla** (formal)	*good-bye*
buona fortuna	*good luck*
ciao (informal); **pronto** (when answering the phone)	*hello*
cin cin; salute	*cheers* (when toasting)
congratulazioni; complimenti	*congratulations*
di niente	*not at all*
forse	*maybe*
grazie	*thank you*
mi scusi; scusi	*excuse me; sorry*
no	*no*
per favore	*please*
prego	*you're welcome*
sì	*yes*
Pronto, chi parla?	*Hello, who's speaking?*
Ciao, Carla, come stai?	*Hello, Carla, how are you?*

Match the sentences or interjections listed on the left with their appropriate counterparts among those listed on the right.

1. Prego, _____

2. Pronto?! Pronto?! Ma chi parla?! _____

3. Ragazzina, devi essere _____

4. Signore e Signori, _____

5. Vai sul Monte Everest?! _____

a. Buona fortuna!

b. ecco la vostra cantante preferita!

c. Guardi che chiamo la polizia!

d. passi prima lei, Signor Salvi.

e. un po' più rispettosa con il nonno.

Describing social situations

da solo	*(all) alone; by oneself*
gentile	*kind*
(molto) impegnato; occupato	*busy*
insieme	*together*
libero	*free*
malvolentieri	*reluctantly*
personale	*personal*
(in) pochi	*few (people)*
pronto	*ready*
scortese; sgarbato	*impolite*
solo	*alone*
(in) tanti	*a lot of (people)*
volentieri; con piacere	*gladly*

Ha pitturato il garage da sola.
Siamo in tanti!

She painted the garage herself.
There are so many of us!

Give the qualifiers that correspond to the following definitions.

1. Doing something gladly. _____

2. Doing something reluctantly. _____

3. Doing things by oneself. _____

4. A small group of people. _____

5. Someone who is very busy. _____

Questions

When talking to people, we often ask questions. The main question words are:

Che? Quale?	*What? Which?*
Che cosa? Cosa?	*What?*
Chi?	*Who? Whom?*
Come?	*How?*
Di chi?	*Whose?*
Dove?	*Where?*
Perché?	*Why?*
Quando?	*When?*
Quanto? Quanta? Quanti? Quante?	*How much? How many?*

Question words can be used both in direct and indirect questions.

Chi viene a cena?	*Who's coming for dinner?*
Indovina chi viene a cena.	*Guess who's coming for dinner.*

ESERCIZIO
2·15

Add the appropriate question word in the following sentences.

1. _____ vuoi invitare?

2. _____ figli hanno?

3. _____ hai visto sua sorella? Al cinema?

4. _____ non l'hai ringraziata? Ti ha fatto un bel regalo!

5. _____ stanno i tuoi nipotini?

6. _____ venite a trovarci? Domenica?

The body and the senses

In today's society thin, tall, and beautiful people are at an advantage over fat, short, and unattractive ones. Italians attach great importance to posture. They buy leather shoes even for babies, though many teenagers have joined the flip-flop and sneaker-footed tribe. Americans don't gesticulate much, but often convey through facial mimicry what Italians convey with their hands.

la bocca	*mouth*
il braccio, le braccia	*arm*
il capello, i capelli	*a single hair (on the head); hair (on the head, collective sing.)*
il collo	*neck*
il corpo	*body*
il dente	*tooth*
il dito, le dita	*finger; toe*
la faccia / il viso	*face*
la gamba	*leg*
il ginocchio, le ginocchia	*knee*
la gola	*throat*
il gomito	*elbow*
il labbro, le labbra	*lip*
la lingua	*tongue*
la mano, le mani	*hand*
il naso	*nose*
l(o)'occhio	*eye*
l(o)'orecchio, le orecchie	*ear*
la pelle (sing.)	*skin; hide*
il pelo	*(body) hair*
il petto	*bosom*
il piede	*foot*
la schiena	*back*
il sedere	*bottom*
il seno	*breast*
la spalla	*shoulder*
la testa	*head*
la vita	*waist*

Anna ha avuto una vita molto interessante.	*Anna's had a very interesting life.*
Maria ha la vita stretta.	*Maria has a narrow waist.*

Complete the sentences listed below by adding the appropriate part of the body.

1. Il collo sorregge la _____.
   a. orecchio   b. testa   c. gola

2. Il labbro fa parte della _____.
   a. faccia   b. bocca   c. naso

3. Il seno si trova sotto al _____.
   a. collo   b. sedere   c. testa

4. La bocca è nella _____.
   a. gola   b. petto   c. faccia

5. La gamba finisce nel _____.
   a. collo   b. naso   c. piede

Internal organs and body parts

l(a)'arteria	*artery*
la carne (sing.)	*flesh, meat*
il cervello	*brain*
il cuore	*heart*
il fegato	*liver*
l(o)'intestino	*intestine*
il muscolo	*muscle*
il nervo	*nerve*
l(o)'organo	*organ*
l(o)'osso, le ossa (human); gli ossi (animal)	*bone; bones*
il polmone	*lung*
il sangue	*blood*
lo stomaco / la pancia	*stomach*
la vena	*vein*

Mamma, ho mal di pancia!	*Mom, my tummy hurts!*
Soffre di mal di fegato.	*She has liver problems.*

When we wish to convey what happens to one's own body and its parts, in Italian we use the definite or the indefinite article, depending on whether we are talking about our liver, body, head, etc., or about one or more of our many arteries, nerves, etc.

Ha avuto problemi **al cuore**.	*He's had **heart** problems.*
Mi sono rotta **una** mano.	*I broke **one of my** hands.*

In talking about the body, we can use verbs followed by a direct object: **rompersi qualcosa** (*to break something / a part of one's body*), or verbs that take an indirect object: **farsi male** (*to hurt oneself*) and **sentire male a** (*to feel pain in*), **soffrire di** (*to suffer from*), and **avere dolore/male a/di** (*to feel pain in/at*).

Complete the following sentences by choosing the appropriate article, following the examples mentioned above.

1. Mi sono rotta _____ braccio.

2. Mi sono fatta male _____ testa. (**a**)

3. Sua sorella si è presa una storta _____ piede. (**a**)

4. Ha un'aritmia _____ cuore. (**a**)

5. Ti hanno tolto _____ rene?

6. Si è scottata _____ lingua.

7. Ha perso sensibilità _____ nervo. (**a**)

Describing the body

arterioso	*arterial*
cardiaco	*cardiac*
corporeo	*corporeal; bodily*
facciale	*facial*
intestinale	*intestinal*
mentale	*mental*
muscolare; muscoloso	*muscular*
nervoso	*nervous*

Mio figlio ha un sistema nervoso fragile.   *My son has a fragile nervous system.*
Gianni è molto muscoloso.   *Gianni is very muscular.*

Choose the appropriate adjective to convey the part of the body indicated in parentheses.

1. Ha avuto dei problemi _____. (al cuore)

2. Giorgio va in palestra perché vuole diventare più _____. (forte di muscoli)

3. Dopo l'incidente ha dovuto fare una chirurgia plastica _____. (alla faccia)

4. Ha un sistema _____ molto fragile. (dei nervi)

Other adjectives

There is broad latitude in the choice of qualifiers, especially when they are used metaphorically. We can say that eyes are large, deep, beautiful, mean, insincere, etc. Here follow some adjectives used to talk about the body and its features.

alto	*tall*
attraente (women)	*attractive; nice-looking*
bello	*beautiful*
brutto	*ugly*
carino (women and the very young)	*pretty*
destro	*right*
grosso	*big*
lungo	*long*
nudo	*naked*
pallido	*pale*
piccolo (di statura); **basso** (height); **corto** (length)	*short; small*
prestante (men)	*handsome*
sinistro	*left*

È una ragazza carina.	*She's a pretty girl.*
Di solito la mano destra è più forte della sinistra.	*Usually the right hand is stronger than the left.*

ESERCIZIO
3·4

*Decide whether the following statements are True (**T**) or False (**F**).*

1. La maggior parte delle persone usa di più la mano destra. _____

2. La ragazza più brutta vincerà il concorso di bellezza. _____

3. Giovanna è molto pallida perché non sta bene. _____

4. La statua del David di Michelangelo rappresenta un uomo nudo. _____

5. Di solito, i giocatori di pallacanestro sono piccoli. _____

Italian uses suffixes to modify nouns, adjectives, and even adverbs. Suffixes can convey emotional tones absent from the basic word: endings in -**etto**, -**etta** and -**ino**, -**ina** are diminutives which carry a sense of endearment. Magnifiers in -**one** and -**ona**, can be used in both positive and negative ways. The ending -**accio**/-**accia** carries negative overtones.

ESERCIZIO
3·5

Identify the nouns from which the following diminutives derive. Add the article.

1. braccetto _____

2. ginocchietto _____

3. linguetta _____

4. muscoletto _____

ESERCIZIO
3·6

Identify the nouns from which the following diminutives derive. Add the article.

1. bocchina _____

2. braccino _____

3. dentino _____

4. ditino _____

ESERCIZIO
3·7

Identify the nouns from which the following magnifiers derive. Add the article.

1. dentone _____

2. ditone _____

3. manona _____

4. nasone _____

Verbs for moving

alzarsi [in piedi]	to stand up
camminare (aux. avere)	to walk
correre (aux. avere)	to run
lasciar(e) cadere	to drop
piegare; piegarsi	to bend
sdraiarsi	to lie (down)
sedersi; accomodarsi	to sit down
sollevare; alzare	to lift
spingere	to push
stringere/stringersi la mano	to shake hands
tenere	to hold; to keep
tirare	to pull

Signora, le è caduto il portafoglio. Madam, you dropped your wallet.
Prego, si accomodi. Please, have a seat.

ESERCIZIO 3·8

Complete the following sentences with the appropriate verb.

1. Si usano le mani per _____.
   a. alzarsi   b. piegarsi   c. spingere

2. Per raccogliere qualcosa da terra, bisogna _____ la schiena.
   a. piegare   b. sedersi   c. sdraiarsi

3. Per salutare una persona, _____ la mano.
   a. stringiamo   b. teniamo   c. solleviamo

4. Usiamo le gambe per _____.
   a. sollevare   b. camminare   c. sedersi

Verbs for bodily functions

battere	to beat
bere	to drink
digerire	to digest
inghiottire; deglutire	to swallow
mangiare	to eat
masticare	to chew
respirare (aux. avere)	to breathe
sputare	to spit

Decide which organ or part of the body performs the following functions.

1. _____ batte.
   a. Il cuore   b. Il polmone   c. L'intestino

2. _____ digerisce.
   a. La testa   b. Il muscolo   c. Lo stomaco

3. _____ respirano.
   a. Gli intestini   b. I polmoni   c. Il corpo

4. _____ masticano.
   a. I denti   b. La bocca   c. La lingua

5. _____ inghiotte.
   a. La lingua   b. La testa   c. La gola

The senses

la cecità	*blindness*
il colore	*color*
il gusto	*taste*
il mutismo	*mutism; dumbness*
l(o)'odorato	*(sense of) smell*
l(o)'odore	*odor; smell*
le papille gustative	*taste buds*
la pelle	*skin*
il profumo	*perfume; scent*
il sapore	*flavor; taste*
la sensazione	*sensation*
il senso (di)	*sense (of)*
la sordità	*deafness*
il suono	*sound*
il tatto	*touch*
l(o)'udito	*hearing*
la vista	*sight; vision*

Il nonno ha perso il senso del gusto.	*Our grandpa has lost his sense of taste.*
L'organo del tatto è la pelle.	*The organ of touch is the skin.*

Use the words listed in this unit to complete the following sentences.

1. L'organo della vista sono _____, che si trovano nella _____.

2. L'organo dell'udito sono _____, che si trovano ai lati del _____.

3. L'organo del gusto sono _____, che si trovano nella _____.

4. L'organo del tatto è _____, che copre tutto il _____.

5. L'organo dell'odorato è _____, che si trova sopra la _____.

Describing sensations

acido	*sour*
alto; troppo alto	*loud*
amaro	*bitter*
basso	*low*
cieco	*blind*
dolce	*sweet*
freddo	*cold*
gustoso; buono	*tasty*
miope	*near-sighted*
morbido	*soft*
muto	*mute; dumb*
presbite	*far-sighted*
salato; (troppo) salato	*savory; (too) salty*
sordo	*deaf*

Ai bambini non piacciono le cose amare.	*Kids don't like bitter things.*
Il latte è diventato acido.	*The milk went sour.*

Complete the following sentences by choosing from the options listed below.

1. Gli occhi vedono _____.
   a. i gusti   b. i profumi   c. i colori

2. Il naso sente _____.
   a. gli odori   b. i colori   c. i suoni

3. La lingua sente _____.
   a. i gusti   b. i suoni   c. gli odori

4. La pelle sente _____ e _____.
   a. il dolce; il salato   b. il caldo; il freddo   c. l'alto; il basso

5. Le orecchie sentono _____.
   a. i suoni   b. i sapori   c. i colori

Nouns can be formed by adding the suffix **-ezza** (*-ness* in English) to adjectives conveying physical qualities or psychological states of mind: **bello → la bellezza** (*beauty*), and **brutto → la bruttezza** (*ugliness*). These nouns are always feminine. At times they take the plural.

Mia madre ha sopportato grandi amarezze. *My mother has endured great sorrows.*
Mi ha accolto con grande freddezza. *He greeted me with great coldness.*

ESERCIZIO
3·12

*Translate the following adjectives into Italian, turn them into nouns by adding **-ezza**, then translate the nouns into English. Add the article.*

1. beautiful _____

2. bitter _____

3. cold _____

4. soft _____

5. sweet _____

ESERCIZIO
3·13

Identify the quality or characteristic which is implied in the situation or event described in each of the following sentences.

1. Gianni ha il naso storto, la fronte bassa e gli occhi sporgenti. _____

2. Ha perso il marito a trent'anni e suo figlio a trentacinque. _____

3. Ha vinto il concorso di Miss Universo. _____

4. Il nuovo direttore è corretto, ma non è certo cordiale. _____

Verbs of sensation

annusare	*to sniff*
ascoltare	*to listen to*
assaggiare	*to taste*
guardare	*to look at; to watch*
osservare	*to observe*
sentire (gli odori)	*to smell (odors)*
sentire; udire	*to hear*
toccare	*to touch*
vedere	*to see*

Hai guardato le Olimpiadi? *Did you watch the Olympic games?*
Senti che odore strano? *Can you smell that strange odor?*

Complete the following sentences choosing a verb among those listed above.

1. Apri le orecchie e _____!

2. Il naso serve per _____ e _____ _____
   _____.

3. Con gli occhi si _____, si _____ e si _____.

4. Sta' zitto, per favore. Non riesco a _____ cosa dice.

5. Usiamo la lingua per _____ i cibi.

Emotions and the mind

Individualism, first articulated in its modern form by Italian humanists in the Renaissance, is an important aspect of Italian culture. Italians are individualists not only of the mind but of the heart: they express publicly a wide array of emotions, from anger to great sorrow. This public expression of private feelings, often tempered by irony, creates a relaxed and reassuring social environment: in Italy you know where you stand with another person, even if he or she is only a colleague or an acquaintance.

Needless to say, there are drawbacks. Italian individualism makes it hard for people to act as team players, and the expression of one's own self can be stifling for shy or insecure people.

Here follows a list of nouns which we use to describe emotions, besides those already listed in Units 1 and 2.

l(a)'allegria	*cheerfulness*
l(a)'antipatia	*dislike*
il difetto	*shortcoming; defect*
il dolore	*pain; sorrow*
l(a)'emozione; il feeling	*feeling*
la felicità	*happiness*
la gelosia	*jealousy*
la gioia	*joy*
l(a)'infelicità	*unhappiness*
la noia (sing.)	*boredom*
l(o)'odio	*hatred*
la passione	*passion*
la paura	*fear*
il piacere	*pleasure*
la preoccupazione	*worry; concern*
la rabbia; l(a)'ira	*anger*
la sensibilità	*sensibility; sensitivity*
la simpatia	*sympathy*
la speranza	*hope*
lo stress	*stress*
la tristezza	*sadness*

Che noia! Ma parlerà ancora per molto?	*How boring! Will he speak much longer?*
Ho perso l'aereo! Mi è venuta una rabbia!	*I missed the plane. I'm so angry!*

Choose the appropriate noun from the ones listed after each sentence.

1. Abbiamo qualche _____ che nostra figlia guarisca.
   a. speranza   b. paura   c. tristezza

2. Che _____! Hanno dovuto vendere la casa dei nonni.
   a. piacere   b. gioia   c. tristezza

3. Hai _____ ad andare a casa da sola? Ti accompagno.
   a. piacere   b. paura   c. speranza

4. Sei molto severa con lei. Non credi che un po' di _____ la aiuterebbe?
   a. preoccupazione   b. simpatia   c. speranza

5. Marco è davvero strano: non prova né grandi _____ né grandi _____.
   a. piaceri; dolori   b. allegria; tristezza   c. amore; odio

Describing emotions

allegro	*cheerful*
arrabbiato; adirato	*angry*
contento	*glad; content*
emotivo; emozionale	*emotional*
noioso	*boring*
odioso	*hateful*
pauroso	*fearful*
piacevole	*pleasant; agreeable*
preoccupato	*concerned; worried*
sensibile	*sensitive*
stressato	*stressed*
triste	*sad*

Sara ha un bambino allegro.   *Sara has a cheerful boy.*
È un ragazzino molto emotivo.   *He's a really emotional boy.*

Find the adjective that describes the emotion characterizing the following situations. Use the masculine singular.

1. A comedy movie which is OK, but not great. _____

2. A dog left alone by his beloved master for two weeks. _____

3. A person who loses his cool easily. _____

4. A person who uses others' faults and mistakes to advance his career. _____

5. Having lunch with friends on a nice summer day. _____

Emotional states

l(a)'ansia; l(a)'agitazione	anxiety
la calma	calm; peace
la disperazione	despair
il dispiacere	displeasure
il dolore	pain
la gioia	joy
la gratitudine	gratitude
l(a)'invidia	envy
la nostalgia	nostalgia
il panico	panic

Mi è preso il panico.	I was seized by panic.
Mi ha preso un'ansia terribile!	I was seized by a terrible anxiety!

ESERCIZIO
4·3

Provide the antonyms for the following nouns.

1. il dispiacere _____

2. l(a)'antipatia _____

3. la gioia _____

4. l(o)'odio _____

5. la felicità _____

6. la tristezza _____

Verbs

addolorare	to sadden; to pain (emotionally)
aver(e) paura (di); temere (aux. avere)	to fear; to be afraid (of)
aver(e) ragione	to be right
aver(e) torto	to be wrong
essere disperato	to despair; to be desperate
essere stufo	to be fed up
far(e) pena (a)	to feel sorry (for)
irritare; dare fastidio (a); infastidire	to annoy
preoccupare; far preoccupare	to worry; to make worry
rattristare	to sadden
spaventare	to scare
stressare	to stress

Sono proprio stufa di questo lavoro.	I'm really fed up with this job.
Ha temuto di perdere il bambino.	She was afraid of losing the baby.

Complete the following sentences. Choose from the options listed under each of them.

1. I film dell'orrore _____ i bambini.
   a. stressano   b. irritano   c. spaventano

2. La notizia della morte del nonno _____ tutti.
   a. addolora   b. preoccupa   c. irrita

3. Le devo dire che suo marito ha il cancro. _____ molto la sua reazione.
   a. Ammiro   b. Ho paura   c. Temo

We can convey the idea that a person or a thing causes an emotion in ourselves or others. But when we want to emphasize the internal rising of an emotion, in Italian we often use the reflexive form of the verb.

Silvia si spaventa facilmente.	*Silvia gets scared easily.*
Non arrabbiarti, non è una cosa grave.	*Don't get cross, it's not serious.*

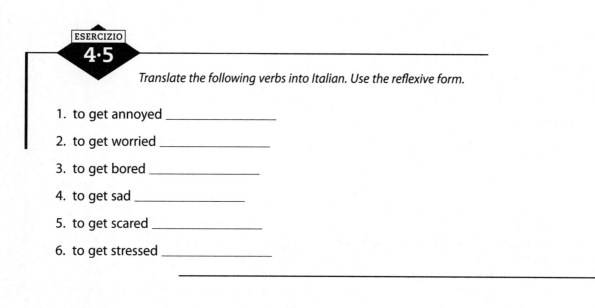

Translate the following verbs into Italian. Use the reflexive form.

1. to get annoyed _____

2. to get worried _____

3. to get bored _____

4. to get sad _____

5. to get scared _____

6. to get stressed _____

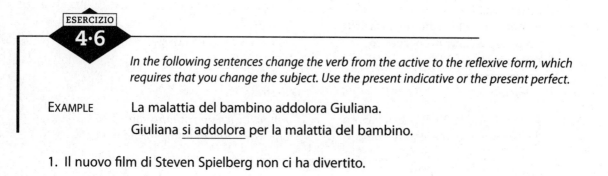

In the following sentences change the verb from the active to the reflexive form, which requires that you change the subject. Use the present indicative or the present perfect.

EXAMPLE   La malattia del bambino addolora Giuliana.

                  Giuliana si addolora per la malattia del bambino.

1. Il nuovo film di Steven Spielberg non ci ha divertito.

    Non _____ _____ _____ al nuovo film di Steven Spielberg.

2. L'abbaiare del nostro cane irrita i nostri vicini di casa.

   I nostri vicini di casa _____ _____ quando il nostro cane abbaia.

3. Il rumore dell'autostrada lo infastidisce.

   _____ _____ per il rumore dell'autostrada.

4. Il tornado ha terrorizzato i nonni.

   I nonni _____ _____ _____ per il tornado.

5. La notizia della scoperta di una nuova stella ha eccitato il mondo scientifico.

   Il mondo scientifico _____ _____ _____ alla notizia della scoperta di una nuova stella.

One way of conveying that a person or a thing causes an emotion in someone else is to use the construction **fare** + *infinitive of the verb.*

Il clown mi ha fatto ridere tanto!	*The clown made me laugh so much!*

ESERCIZIO
4·7

Complete the following sentences by choosing from the options given after each of them.

1. La massaggiatrice l'ha _____ completamente.
   a. fatta rilassare   b. fatta divertire   c. fatta annoiare

2. Le ultime notizie ci _____ il peggio.
   a. fanno preoccupare   b. fanno temere   c. fanno spaventare

3. Mi _____! Non sapevo che eri in casa.
   a. hai fatto spaventare   b. fatto preoccupare   c. fatto temere

4. Nostra sorella _____ la mamma perché non smette di drogarsi.
   a. fa arrabbiare   b. fa disperare   c. fa temere

5. Se non smetti di _____, niente televisione per una settimana!
   a. farmi spaventare   b. farmi annoiare   c. farmi arrabbiare

Past participles can be used as adjectives. They are formed by replacing the endings of the infinitive of regular verbs with **-ato, -uto,** or **-ito.** Consult a grammar book for irregular verbs.

am-are (*to love*) → **am-ato, amata, amati, amate** (*loved*)
tem-ere (*to fear*) → **tem-uto, temuta, temuti, temute** (*feared*)
sent-ire (*to feel*) → **sent-ito, sentita, sentiti, sentite** (*felt*)

Era una cantante amata dal pubblico.	*She was a singer loved by audiences.*
Le mie più sentite condoglianze.	*My most heartfelt condolences.*

Form past participles as adjectives from the following verbs, by replacing the ending of the infinitive with the appropriate ending of the past participle.

1. addolorare _____

2. arrabbiare _____

3. annoiare _____

4. imbarazzare _____

5. spaventare _____

6. preoccupare _____

7. stressare _____

When we wish to say that a person or event is causing an emotion in others, we can use the present participle, formed by replacing the ending of the infinitive in **-are** with **-ante**, and verbs in **-ere** and **-ire** with **-ente**. **Commuovere** (*to move emotionally*), **fare** (*to do; to make*), and **sentire** (*to feel*) are irregular.

INFINITIVE	PRESENT PARTICIPLE		PAST PARTICIPLE	
commuovere	**commovente**	*moving*	**commosso**	*moved*
fare	**facente**	*doing, making* (rare)	**fatto**	*done*
sentire	**senziente**	*feeling* (rare)	**sentito**	*felt*

Form the present participle of the following verbs.

1. appassionare _____

2. divertire _____

3. irritare _____

4. preoccupare _____

5. rilassare _____

6. stressare _____

Add the appropriate adjective to the following sentences, choosing the present or past participle of the verb listed in parentheses.

EXAMPLE   Hanno fatto la pace. È stata una scena _____ (commuovere).

Hanno fatto la pace. È stata una scena <u>commovente</u>.

1. Abbiamo fatto delle vacanze veramente _____ al Club Med. (rilassare)

2. Alla festa è rimasta seduta in un angolo tutta la sera, con un'espressione _____. (annoiare)

3. Beve troppo, ma fa una vita molto _____. (stressare)

4. Ho letto un romanzo poliziesco veramente _____. (appassionare)

5. Mio figlia non è _____, è pigra. (rilassare)

6. Luisa è una donna _____ dalle malattie e dalle preoccupazioni. (stressare)

Adjectives can end in **-oso** (*-ous* or *-ful* in English): **curioso, pauroso**. They are formed by replacing the last vowel of a noun with **-oso**: **dolor-e** (*pain*) → **dolor-oso** (*painful*); **ansi-a** (*anxiety*) → **ansi-oso**. If the final **i** is accented, **-oso** replaces both the **ì** and the last vowel: **gelos-ìa** (*jealousy*) → **gel-oso** (*jealous*).

Mio figlio distrugge i giocattoli perché è curioso.	*My son destroys his toys because he's curious.*
Per Lisa il divorzio è stato molto doloroso.	*For Lisa the divorce was very painful.*

Reconstruct the nouns from which the following adjectives derive. Add the article.

1. ansioso _____

2. doloroso _____

3. gioioso _____

4. invidioso _____

5. noioso _____

6. odioso _____

We can change an adjective into its opposite by adding the prefixes **in-** (**im-** before **b**, **m**, and **p**) or **s-**, which correspond to the English *in-, im-, un-,* and *dis-*:

felice	*happy*	**infelice**	*unhappy*
possibile	*possible*	**impossibile**	*impossible*
contento	*content*	**scontento**	*discontent*

Adjectives beginning with **-r** add the prefix **ir-** to ease pronunciation:

razionale   *rational*   **irrazionale**   *irrational*

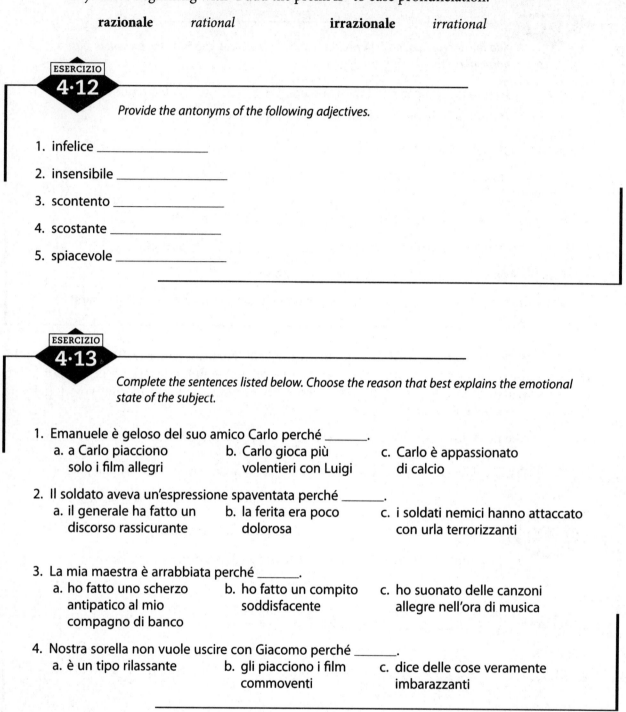

ESERCIZIO
4·12

Provide the antonyms of the following adjectives.

1. infelice _____

2. insensibile _____

3. scontento _____

4. scostante _____

5. spiacevole _____

ESERCIZIO
4·13

Complete the sentences listed below. Choose the reason that best explains the emotional state of the subject.

1. Emanuele è geloso del suo amico Carlo perché _____.
   a. a Carlo piacciono solo i film allegri
   b. Carlo gioca più volentieri con Luigi
   c. Carlo è appassionato di calcio

2. Il soldato aveva un'espressione spaventata perché _____.
   a. il generale ha fatto un discorso rassicurante
   b. la ferita era poco dolorosa
   c. i soldati nemici hanno attaccato con urla terrorizzanti

3. La mia maestra è arrabbiata perché _____.
   a. ho fatto uno scherzo antipatico al mio compagno di banco
   b. ho fatto un compito soddisfacente
   c. ho suonato delle canzoni allegre nell'ora di musica

4. Nostra sorella non vuole uscire con Giacomo perché _____.
   a. è un tipo rilassante
   b. gli piacciono i film commoventi
   c. dice delle cose veramente imbarazzanti

Describing mental and moral traits

attivo	*active*
capace; in grado di	*capable; able*
indipendente	*independent*
intelligente; astuto	*smart*
irrazionale	*irrational*
notevole; grande (a human being)	*great*

onesto	*honest*
passivo	*passive*
pigro	*lazy*
razionale	*rational*
responsabile	*responsible*
stupido	*stupid*

Several nouns regarding personality and moral traits can be formed by adding the ending -**ità**, as already seen in Unit 2.

ESERCIZIO
4·14

*Form nouns from the following adjectives by adding the ending -**ità**, add the article, and translate them into English.*

1. capace _____

2. irrazionale _____

3. passivo _____

4. razionale _____

5. stupido _____

ESERCIZIO
4·15

Among the nouns listed after each sentence find the one which is the closest synonym of the word underlined.

1. Mio marito non sopporta l'irrazionalità del leader del partito. _____
   a. la mancanza di   b. l'astuzia   c. la malvagità
      buon senso

2. Non farà mai niente di buono, a causa della sua passività.
   a. paura   b. mancanza di   c. onestà
                      energia

3. Non è sempre possibile agire con razionalità.
   a. con buon senso   b. passione   c. forza
      e freddezza

4. La stupidità è un difetto.
   a. mancanza di   b. poca aggressività   c. poca intelligenza
      sensibilità

Emotions and the mind   **43**

Mental and psychological abilities

l(a)'abitudine	*habit*
l(a)'azione	*action*
la coscienza	*conscience; consciousness*
l(a)'idea	*idea*
l(a)'immaginazione; la fantasia (sing.)	*imagination*
l(a)'intelligenza	*intelligence*
l(o)'istinto	*instinct*
la memoria	*memory*
la mente	*mind*
il pensiero	*thought*
la ragione	*reason*
il ricordo	*recollection*
il riso; la risata	*laughter*
il sogno	*dream*

Sua figlia ha una fantasia vivace.	*Her daughter has a lively imagination.*
Hai idea di dove siamo?	*Do you have any idea of where we are?*

ESERCIZIO

4·16

Provide the words defined in the following sentences. Include the article.

1. A property of <u>mind</u> that includes many <u>mental</u> abilities, such as the capacities to <u>reason</u>, <u>plan</u>, <u>solve problems</u>, think abstractly, <u>comprehend ideas and language</u>, and <u>learn</u>.
   _____

2. An inborn pattern of behavior. _____

3. Any instance of an action performed because we are used to performing it. _____

4. Any instance of what humans can do intentionally to affect the state of the world.
   _____

5. The experience of envisioned images, sounds, or other sensations during <u>sleep</u>.
   _____

Thinking and feeling

agire (aux. **avere**)	*to act; to do; to behave*
aver[e] bisogno (di)	*to need*
avere; possedere	*to have*
comportarsi	*to behave*
credere (a qualcuno / in Dio) (aux. **avere**)	*to believe (someone / in God)*
desiderare	*to wish; to want*
diventare	*to become*
dovere (aux. **avere/essere**)	*to have to / must / shall*
essere abituato (a); avere l(a)'abitudine (**di** + *infinitive*)	*to be used (to)*

fare	*to do; to make*
lasciare (aux. **avere**); **permettere (a)** (aux. **avere**)	*to let; to allow*
osare (aux. **avere**)	*to dare*
ottenere	*to get*
pensare (a) (aux. **avere**)	*to think (about)*
potere (aux. **avere/essere**); **avere il permesso di**	*to be allowed to; may*
potere (aux. **avere/essere**); **riuscire a**	*to be able to; can*
preferire (aux. **avere**)	*to prefer*
ridere	*to laugh*
stare	*to stay; to be*

Note that **stare** is used both in the expressions **stare bene/male** (*to be well / not well*), **come stai/state?** (*how are you?*), etc., to form the present progressive, and in the expression **stare per** + *infinitive* (*to be about to do something*).

Stanno mangiando?	*Are they eating?*
Sta per partire.	*He's about to leave.*

trattare *to treat*	
usare; avere l(a)'abitudine (di)	*to use (to); to be used to*
volere (aux. **avere/essere**); **aver(e) voglia (di)**	*to want; to will; to feel like*

The Italian verbs **dovere** (*shall, must, to have to*), **lasciare** (*to let*), **desiderare** (*to wish; to want*), **osare** (*dare*), **potere** (*can; may*), **preferire** (*to prefer*), **sapere** (*to know*), and **volere** (*will; to want*) are often used to modify the infinitive that follows, as English does with *can/could, dare, let, may/might, must, shall/should,* and *will/would*.

I bambini devono fare i compiti.	*The children must do their homework.*
Lascia parlare tua sorella!	*Let your sister speak!*
Sapete aprire la cassaforte?	*Do you know how to open the safe?*

ESERCIZIO
4·17

Complete each sentence in the left column by choosing the appropriate phrase from the right column.

1. Che bella giornata! Volete _____

2. La Sua proposta è interessante, _____

3. La valiga è molto pesante. Puoi _____

4. La zia non sta bene. _____

5. Luisa non osa _____

a. aiutarmi a caricarla in macchina?

b. andare al mare?

c. dire la verità a sua madre.

d. Potete passare a trovarla?

e. ma desidero parlarne con il mio socio.

Religion

l(o)'angelo	*angel*
l(a)'anima	*soul*
il bene (sing.)	*good*
la chiesa; la Chiesa	*church; the Church*
il, la credente	*believer*
il cristianesimo	*Christianity*
il diavolo	*devil*
il dio, gli dei; Dio	*god; God*
l(o)'ebraismo	*Judaism*
l(o)'inferno	*hell*
l(o)'Islam	*Islam*
il male (sing.)	*evil*
la moschea	*mosque*
il paradiso	*paradise; heaven*
il peccato	*sin*
la preghiera	*prayer*
il prete; il sacerdote	*priest*
il (tuo) prossimo	*thy neighbor*
la religione	*religion*
la sinagoga	*synagogue*

Ama il prossimo tuo come te stesso.   *Love thy neighbor as thyself.*

ESERCIZIO
4·18

Match each word on the left with its appropriate complement from those listed on the right.

1. la Chiesa _____   a. il bene

2. il diavolo _____   b. il cristianesimo

3. la moschea _____   c. l'ebraismo

4. il paradiso _____   d. l'Islam

5. la sinagoga _____   e. l'inferno

Body care, health, and life ◆·5·

The affluent lifestyle of developed countries is a positive development, but has led us to exercise less and eat junk food, while being more concerned than ever about our appearance. In this respect, Italian and American societies are very similar. People share the same concerns—obesity, diabetes, and anorexia—and they fight the same battles: against sedentary life on the one hand, and obsessive concern for one's body on the other.

i baffi (usually in the pl.)	*moustache*
la barba	*beard*
la fronte	*forehead*
la guancia	*cheek*
il labbro, le labbra	*lip*
il mento	*chin*
il ricciolo	*curl*
la ruga	*wrinkle*
il sudore	*sweat*

Signora, ha la pelle grassa o secca?	*Madam, do you have oily or dry skin?*
Il bimbo ha le guance rotonde.	*The baby has round cheeks.*

ESERCIZIO
5·1

Mark the word that does not belong in each of the following series.

1. a. il sudore   b. le rughe   c. la pelle   d. la barba

2. a. i riccioli   b. le labbra   c. i capelli   d. i baffi

3. a. il sudore   b. la fronte   c. il naso   d. il mento

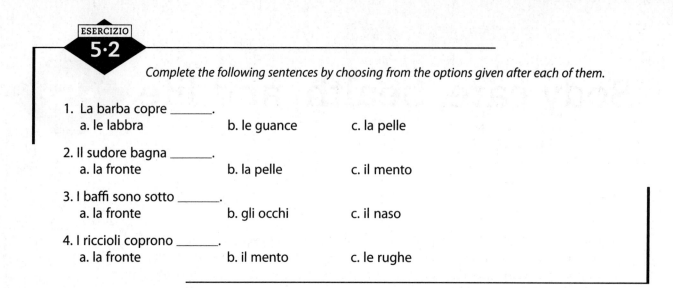

Complete the following sentences by choosing from the options given after each of them.

1. La barba copre _____.
   a. le labbra   b. le guance   c. la pelle

2. Il sudore bagna _____.
   a. la fronte   b. la pelle   c. il mento

3. I baffi sono sotto _____.
   a. la fronte   b. gli occhi   c. il naso

4. I riccioli coprono _____.
   a. la fronte   b. il mento   c. le rughe

Describing hair

barbuto; con la barba	*bearded*
biondo	*blonde*
calvo; pelato	*bald*
castano	*brown*
con i capelli bianchi; bianco	*white-haired*
liscio	*straight*
lungo	*long*
nero	*black*
riccio, ricci	*curly*
scuro	*dark*

Da bambina avevo i capelli ricci.	*When I was a little girl, I had curly hair.*
È un signore con i capelli bianchi.	*He's a white-haired gentleman.*

Choose the adjectives that can be used to describe the following personal features.

1. Una persona senza capelli è _____.

2. I capelli ricci sono l'opposto dei capelli _____.

3. Le persone anziane hanno i capelli _____.

4. I capelli lunghi sono l'opposto dei capelli _____.

Personal hygiene products

l(o)'asciugacapelli, gli asciugacapelli; il föhn/fon	hair dryer
l(o)'asciugamano	towel
la carta igienica	toilet paper
la crema da barba	shaving cream
il dentifricio	toothpaste
il deodorante	deodorant
il fazzoletto di carta; il kleenex	(facial) tissue
il pannolino	sanitary napkin
il pettine	comb
il rasoio [da barba]	razor
la saponetta	(bar of) soap
lo shampo(o)	shampoo
la spazzola [per i capelli]	brush
lo spazzolino [da denti]	toothbrush
lo specchio	mirror

Mi impresti il fon?	Can you lend me your hair dryer?
Non mi piace il rasoio elettrico.	I don't like electric razors.

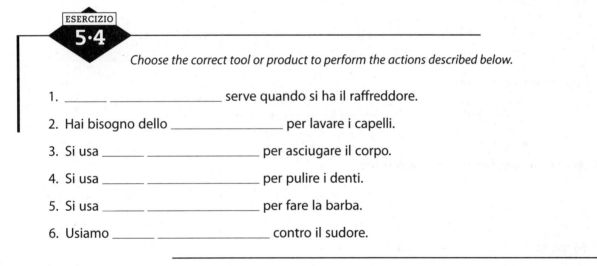

ESERCIZIO 5·4

Choose the correct tool or product to perform the actions described below.

1. _____ _____ serve quando si ha il raffreddore.

2. Hai bisogno dello _____ per lavare i capelli.

3. Si usa _____ _____ per asciugare il corpo.

4. Si usa _____ _____ per pulire i denti.

5. Si usa _____ _____ per fare la barba.

6. Usiamo _____ _____ contro il sudore.

Verbs

In Italian many reflexive verbs can carry a direct object: **bagnarsi i vestiti** (*to get one's clothes wet*); **soffiarsi il naso** (*to blow one's nose*), etc.

asciugare; asciugarsi	to dry
bagnare; bagnarsi	to wet; to get wet
depilare; depilarsi	to shave (women); to remove one's hair
fare il bagno / la doccia	to take a bath/shower
farsi la messa in piega	to do one's hair
lavarsi (le mani; i capelli / la testa, etc.)	to wash (one's hands; hair, etc.)
lavarsi i denti	to brush one's teeth
pettinarsi	to comb one's hair
radersi; farsi la barba	to shave (men)
struccarsi	to remove one's makeup

sudare (aux. **avere**)	*to sweat*
tagliarsi i capelli	*to cut one's hair*
truccarsi (gli occhi / il viso, etc.)	*to put on makeup*

When we wish to convey that an action is done to our person or is performed on our behalf, we can use the construction **far fare** (aux. **avere**) or the reflexive form **farsi fare** (aux. **essere**): *to have something done (to/for us); to make someone do something (to/for us).*

Faccio tagliare i capelli.	*I'm having my hair cut.*
Mi sono fatta tagliare i capelli.	*I've had my hair cut.*

ESERCIZIO
5·5

*Change the following sentences to use the constructions **far fare qualcosa** and **farsi fare qualcosa**.*

EXAMPLE   Tingo i capelli.

Faccio tingere i capelli.

Mi faccio tingere i capelli.

1. Depili le gambe?

_____

_____

2. Giovanna lava la testa.

_____

_____

3. Piera e Luciana fanno la messa in piega.

_____

_____

4. Massimo e Giorgio, tagliate la barba?

_____

_____

5. Tagliamo i capelli!

_____

_____

Body care and makeup

l(a)'acconciatura; la messa in piega	*hairstyle; hairdo*
la chirurgia plastica	*plastic surgery*
il cosmetico	*beauty product*

la depilazione	hair removal
la manicure	manicure
il massaggio	massage
la permanente	perm
il rossetto	lipstick
il tatuaggio	tattoo
il trucco	makeup

Silvia porta un trucco molto pesante. *Silvia wears really heavy makeup.*
Ti sei fatta fare la messa in piega? *Did you have your hairdo done?*

ESERCIZIO
5·6

Complete the following sentences choosing from the words listed above.

1. _____ _____ fa rilassare i muscoli.

2. Quando una parte del tuo corpo non ti piace, puoi fare _____ _____
   _____.

3. Quando hai troppi peli, li elimini con _____ _____.

4. Se hai i capelli lisci e vuoi i capelli ricci, ti fai fare _____ _____.

5. Se vuoi delle unghie colorate, ti puoi fare _____ _____.

Professions, establishments, and equipment

il bagno	bathroom; bath
il (negozio di) barbiere (men)	barber's shop
la bilancia	scale
il chirurgo plastico	plastic surgeon
la doccia	shower
l(o, a)'estetista	beautician
il gabinetto	toilet
il parrucchiere / la parrucchiera; la pettinatrice	hairdresser
il peso	weight
la profumeria	cosmetic store
la toeletta; la toilette	washroom; restroom

Dov'è la toeletta, per favore? *Where is the restroom, please?*
Hai fatto il bagno? *Did you take a bath?*

*Answer yes (**Y**) or no (**N**) to the following questions.*

1. Devi essere un'estetista per fare il chirurgo plastico? _____

2. La vasca da bagno fa sempre parte della doccia? _____

3. Il bagno è un luogo pubblico? _____

4. In profumeria si può comprare il rossetto? _____

5. Vai dal parrucchiere se sei calvo? _____

6. Vai dalla pettinatrice a farti fare la messa in piega? _____

Diet and weight

Life expectancy is very high in Italy: 76.8 years for men and 82.7 for women. Affluence, a good diet, home cooking, and universal health care have all contributed. Cancer and heart disease are the leading causes of death.

l(a)'anoressia	*anorexia*
il benessere (sing.) / **la wellness**	*well-being; wellness*
la bulimia	*bulimia*
il cibo	*food*
la dieta	*diet*
il digiuno	*fast; fasting*
il fast food	*fast food*
i grassi (pl.)	*fat(s)*
il peso	*weight*

Per dimagrire, niente fast food e molto moto.	*To lose weight, no fast food and a lot of exercise.*
Da quando sei a dieta?	*How long have you been on a diet?*

Describing one's diet

anoressico	*anorexic*
bulimico	*bulimic*
grasso	*fat*
magro	*thin*
mediterraneo	*Mediterranean*
nutriente	*nutritious*
obeso	*obese*
robusto	*stout*
slanciato; snello	*slender*
[in] sovrappeso	*overweight*
vegano	*vegan*
vegetariano	*vegetarian*

Nella dieta mediterranea ci sono pochi grassi.	*There are few fats in the Mediterranean diet.*

Choose the appropriate qualifier to complete the sentences listed below.

1. La dieta mediterranea è _____.
   a. grassa   b. vegetariana   c. nutriente

2. Una dieta alimentare senza carne è _____.
   a. mediterranea   b. vegana   c. vegetariana

3. Le persone che mangiano molto fast food sono spesso _____.
   a. in sovrappeso   b. slanciate   c. bulimiche

4. Una persona _____ non riesce a mangiare.
   a. bulimica   b. anoressica   c. obesa

Verbs

digiunare (aux. **avere**)	*to fast*
dimagrire; perdere peso	*to lose weight*
essere a dieta	*to be on a diet*
far bene/male (a qualcuno)	*to be good/bad (for someone)*
ingrassare; mettere su peso	*to put on/gain weight*
mettersi a dieta	*to go on a diet*
pesare; pesarsi	*to weigh*

Troppo alcol fa male.	*Too much alcohol is bad for you.*
Ho messo su tre chili in dieci giorni!	*I gained three kilos in ten days!*

Pair each of the sentences listed on the left with the appropriate conclusion on the right.

1. Da quanto tempo _____   a. aiuta a dimagrire.

2. La dieta vegetariana _____   b. fa ingrassare.

3. Mangiare tanti dolci _____   c. sei preoccupato per il tuo peso.

4. Mia zia ha perso dieci chili _____   d. non mangiare tanti dolci.

5. Se ti pesi tutti i giorni vuol dire che _____   e. perché si è messa a dieta.

6. Se vuoi dimagrire _____   f. sei a dieta?

Illnesses and health issues

l(o)'alcolizzato; l(o, a)'alcolista	*alcoholic*
l(o)'ammalato; il malato	*ill/sick person*
il chirurgo, i chirurg(h)i (m. and f.)	*surgeon*

il, la dentista	*dentist*
il, la disabile; l(o)'handicappato	*disabled*
il donatore / la donatrice	*donor*
l(a)'epidemia	*epidemic*
il, la farmacista	*pharmacist*
il, la fisioterapista	*physical therapist*
l(o)'infermiere / l(a)'infermiera	*nurse*
l(a)'infezione	*infection*
il malato di mente	*mentally ill person*
il medico (m. and f.); il dottore / la dottoressa	*physician; doctor*
il medico di base / della mutua	*primary care physician*
la mutua	*health care coverage*
l(o a)'oculista	*eye doctor*
il, la paziente	*patient*
lo, la psichiatra	*psychiatrist*
lo psicologo	*psychologist*
la sanità; l(a)'assistenza medica	*health care*
il, la tossicodipendente; il drogato	*drug addict*
il vaccino	*vaccine*

Mia madre va da un medico privato.	*My mother goes to a doctor in private practice.*
Dal medico della mutua c'è sempre la coda.	*At my primary care physician's there's always a long wait.*

To convey physical or metaphorical motion, in Italian you can use the preposition **da** (*from; out of*) followed by *the name of the person or establishment* you are in, at, going to, or coming from.

«Dove sei adesso»? «Sono dal dottore».	*"Where are you right now?" "I'm at the doctor's office."*
«Dove vai?»? «Vado dal dottore».	*"Where are you going?" "I'm going to the doctor's."*
«Da dove vieni»? «Torno adesso dal dottore».	*"Where are you coming from?" "I've just come back from the doctor."*

The person or service in question conveys both the function and the place where the event happens. Compare the following sentences:

Andiamo a cena <u>da Silvia</u>.	*We'll have dinner <u>at Silvia's place</u>.*
Andiamo a cena <u>con Silvia</u>.	*We'll have dinner <u>with Silvia</u>.*

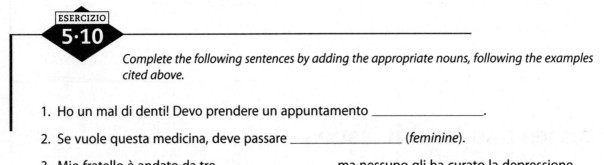

ESERCIZIO
5·10

Complete the following sentences by adding the appropriate nouns, following the examples cited above.

1. Ho un mal di denti! Devo prendere un appuntamento _____.

2. Se vuole questa medicina, deve passare _____ (*feminine*).

3. Mio fratello è andato da tre _____, ma nessuno gli ha curato la depressione.

4. La mia schiena fa male, ma _____ (*feminine*) vedo delle persone che non riescono più a muoversi.

5. Mia sorella va a farsi fare il lifting _____ che ha operato Madonna.

Ailments

l(a)'allergia	*allergy*
l(a)'artrite	*arthritis*
i batteri (usually pl.)	*bacteria*
la dentiera	*dentures*
il disturbo; il malanno	*ailment*
il dolore (a); il male (a)	*pain (in)*
la febbre	*fever*
il fumo (sing.)	*smoking*
l(a)'influenza	*flu*
l(a)'insonnia	*insomnia*
il mal(e) di (denti / pancia/stomaco / schiena / testa)	*(tooth-/stomach-/back-/head-)ache*
il mal(e) di gola	*sore throat*
la nausea	*nausea*
il raffreddore	*cold*
il sintomo	*symptom*
il tabacco	*tobacco*
la tosse	*cough*
il virus	*virus*

Al nonno dà fastidio la dentiera.	*Dentures bother grandpa.*
Hai la nausea?	*Do you feel nauseous?*

In the following sentences, ailments and the professionals who can take care of them have been mixed up. Reconstruct them so that the right provider will be linked to the proper ailment.

1. Gli infermieri fanno le operazioni.

_____

2. I chirurghi possono curare il raffreddore, la tosse, ecc.

_____

3. L'oculista dice che la nonna deve rifare la dentiera.

_____

4. La dentista mi ha fatto cambiare gli occhiali.

_____

Verbs

aver(e) male (a)	*to feel pain (in)*
avere mal(e) di/a	*to have a(n) -ache*
far male (a); farsi male (a)	*to hurt; to injure oneself*
non sentirsi bene; sentirsi poco bene	*to not feel well; to be under the weather*
passare (a + *person*)	*to get over (an ailment)*
prendere; prendersi	*to catch*
russare (aux. **avere**)	*to snore*
sentirsi bene/male	*to feel well/unwell*
soffrire (di) (aux. **avere**)	*to suffer (from)*
starnutire (aux. **avere**)	*to sneeze*
tossire (aux. **avere**)	*to cough*
vomitare	*to throw up*
Ti è passata la bronchite?	*Did you get over your bronchitis?*
La mamma non si sente bene.	*Mom is not feeling well.*

ESERCIZIO
5·12

Translate the following sentences.

1. Ho mangiato troppo ieri sera. Ho la nausea.

_____

2. Mi sono presa il raffreddore.

_____

3. Mia madre si è fatta male alla schiena.

_____

4. «Stai male »? «No, ma non mi sento molto bene».

_____

5. Ti è passata l'influenza?

_____

Illnesses and addictions

l(a)'AIDS (la sindrome da immuno-deficienza acquisita)	*AIDS (autoimmune deficiency syndrome)*
l(o)'alcolismo	*alcoholism*
l(o)'attacco di cuore; l(o)'infarto	*heart attack*
il cancro	*cancer*
il colpo [apoplettico]; l(o)'ictus	*stroke*
il coma, i coma	*coma*
la depressione	*depression*
il diabete	*diabetes*
la droga; la sostanza stupefacente	*drug*

il fumo	*smoking*
l(a)'infezione	*infection*
la malattia	*disease; illness*
la pazzia	*madness; insanity*
la polmonite	*pneumonia*
lo shock	*shock*
il sintomo da astinenza	*withdrawal symptom*
la tossicodipendenza	*(drug) addiction*
il trauma	*trauma*

Alla nonna è preso un ictus.	*Grandma had a stroke.*
Lo zio è guarito bene dall'infarto.	*Our uncle recovered well from his heart attack.*

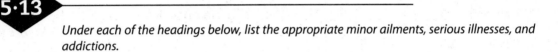

ESERCIZIO 5·13

Under each of the headings below, list the appropriate minor ailments, serious illnesses, and addictions.

1. le malattie cardiovascolari

_____

2. le malattie dell'apparato respiratorio

_____

3. le tossicodipendenze

_____

4. i traumi e le loro conseguenze

_____

Describing health conditions

batterico	*bacterial*
cronico	*chronic*
doloroso	*painful*
ereditario	*hereditary*
genetico	*genetic*
grave	*serious*
incurabile; inguaribile	*incurable*
malato	*ill*
medico	*medical*
psicologico	*psychological*
psicosomatico	*psychosomatic*
sano; in salute	*healthy*
sieronegativo	*HIV negative*
sieropositivo	*HIV positive*
virale	*viral*

La mia collega è grave.	*My colleague is seriously ill.*
È una malattia psicosomatica.	*It's a pyschosomatic disease.*

Match each noun in the left column with the appropriate adjective on the right.

1. l'artrite _____   a. batterica

2. il coma _____   b. cardiaco

3. l'infarto _____   c. cronica

4. l'infezione _____   d. incurabile

5. l'infezione _____   e. profondo

6. il malato _____   f. psicosomatici

7. i sintomi _____   g. sieropositivo

8. il test _____   h. virale

Falling ill and recovering

ammalarsi	*to become/fall ill*
curare	*to treat*
disintossicarsi	*to detox*
donare	*to donate*
guarire (aux. **avere/essere**)	*to cure*
guarire (aux. **essere**)	*to recover*
operare	*to perform surgery; to operate*
rianimare	*to revive*
rimarginarsi (a wound)	*to heal*
rompere; rompersi	*to break*
soffrire (aux. **avere**)	*to be in pain*
trapiantare	*to transplant*
visitare	*to visit; to examine (a patient)*

Mio figlio si ammala tutti i momenti.   *My son falls ill very easily.*
Nicola è riuscito a disintossicarsi.   *Nicola was able to detox.*

Replace the words in parentheses in the following sentences with one of the verbs listed above. Use the same mode and tense. Omit the underlined words.

1. (Ha molto male) _____ a causa della gamba rotta.

2. Il medico ha (fatto uscire) _____ il paziente dal coma.

3. La ferita (è guarita) _____ _____ _____ perfettamente.

4. Il chirurgo (sostituisce) _____ il cuore a mio padre.

5. Mia zia (si prende delle malattie) _____ _____ spesso.

Medical practices and instruments

il cerotto [medicato]	bandage
la convalescenza; la guarigione	recovery
la diagnosi	diagnosis
il farmaco; il medicinale / la medicina	drug; medication
le gocce (usually pl.)	drops
la lente a contatto	contact lens
il medicinale senza ricetta	over-the-counter medication
gli occhiali (pl.)	eyeglasses
la pastiglia; la pillola	pill
la ricetta; la prescrizione [medica]	prescription
il test; l(o)'esame	test
il trapianto	transplant
la visita	visit; (doctor's) examination

Lucia ha perso una lente a contatto!	Lucia has lost a contact lens!
Devi prendere dieci pillole al giorno?	Do you have to take ten pills a day?

ESERCIZIO
5·16

You are in Italy on vacation when you suddenly come down with nausea and a temperature. At the emergency room, you explain your symptoms to the doctor on duty. Complete the following conversation.

PAZIENTE: «Mi scusi, Signora, ho bisogno di vedere un medico».

1. Medico: «Sono io il _____ di guardia. Che sintomi ha»?

2. Paziente: «Ho la nausea e _____ di stomaco e la _____ a 39».

3. Medico: «Adesso la misuriamo. Metta il _____ sotto la lingua... Ha trentotto e mezzo. Ha altri _____? _____ di testa»?

4. Paziente: «Sì e ho _____ tutta la notte. Stamattina non sono riuscito a mangiare niente».

5. Medico: «Credo che abbia preso un'_____ gastrointestinale: un virus che ha colpito lo stomaco e il sistema digerente. Deve bere molti liquidi e stare a riposo».

Medical locations and equipment

l(a)'ambulanza	ambulance
l(o)'ambulatorio	walk-in clinic
la barella	gurney
la clinica	clinic
il day care	outpatient care
l(o)'ospedale	hospital
il pronto soccorso, i pronto soccorso	emergency room
il reparto	ward
la sala operatoria	operating room
la sedia a rotelle	wheelchair

Chiamate un'ambulanza! Call an ambulance!
È un intervento da day care. *It's an outpatient surgical operation.*

ESERCIZIO
5·17

Complete the following sentences.

1. In un _____ si fanno solo terapie da day care.

2. Non vai al _____ _____ se hai solo un raffreddore.

3. Quando ti portano in sala operatoria, ti mettono su una _____.

4. Se ti rompi una gamba, ti mettono su una _____ ____ _____.

5. Se ti viene un infarto, chiami un'_____.

Life stages and sexual orientation

adolescente	*adolescent*
adulto	*adult; grownup*
anziano	*elderly*
etero(sessuale)	*heterosexual; straight*
giovane	*young*
lesbica	*lesbian*
mortale	*mortal*
morto	*dead*
omo(sessuale); gay	*homosexual; gay*
transessuale	*transgender*
vecchio	*old (person)*
vergine	*virgin*
vivo	*alive*

Da giovane Dino ha fatto l'astronauta. *As a young man, Dino was an astronaut.*
Per piacere, comportati da persona adulta. *Please, behave as a grownup.*

ESERCIZIO
5·18

Translate the following sentences into English.

1. Secondo gli antichi greci gli dei intervenirvano nella vita dei mortali.

_____

2. Il vecchio non riusciva a leggere il cartello.

_____

3. L'uomo è mortale.

_____

4. Le funzioni mentali sono meno brillanti nell'adulto che nell'adolescente.

_____

5. Mio fratello era ancora vergine a trent'anni.

_____

Sex and reproduction

l(o)'aborto	abortion; miscarriage
l(a)'adozione	adoption
la contraccezione	contraception
le doglie (pl.)	labor pains
l(a)'esistenza	existence
il feto	fetus
la gravidanza	pregnancy
le mestruazioni (pl.)	menstruation; period
l(o)'orgasmo	orgasm
il parto	childbirth; delivery
la pillola [anticoncezionale]	(birth control) pill
il sesso	sex
la vita	life

Bice ha avuto le prime mestruazioni a undici anni.	Bice had her first period at eleven.
Mia sorella ha avuto un parto facilissimo.	My sister had a very easy delivery.

ESERCIZIO
5·19

Complete the following sentences by adding the appropriate noun.

1. Ha avuto un _____ difficile, ma il bambino sta bene.

2. Ha avuto una _____ difficile, ma il parto è stato facile.

3. Le femmine raggiungono lo sviluppo quando hanno le prime _____.

4. Mia sorella prende la _____ perché non vuole avere bambini.

5. Non possono avere figli; stanno pensando all'_____.

Life and death

l(a)'adolescenza	adolescence
il cimitero	cemetery
l(a)'età	age
l(a)'eutanasia assistita	assisted suicide
il funerale	funeral
la giovinezza	youth

l(a)'infanzia	*childhood*
la menopausa	*menopause*
la mezza età	*middle age*
la morte	*death*
la pubertà	*puberty*
il suicidio	*suicide*
la vecchiaia	*old age*
la vita	*life*

L'adolescenza è un'età difficile.	*Adolescence is a difficult phase.*
In Olanda l'eutanasia assistita è legale.	*In Holland assisted suicide is legal.*

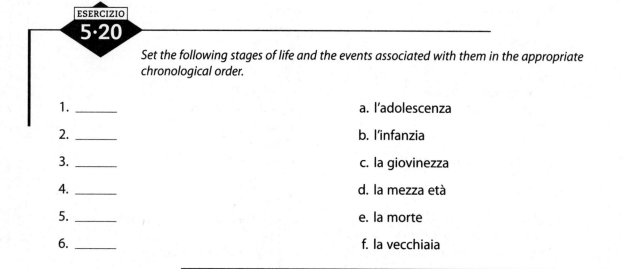

ESERCIZIO
5·20

Set the following stages of life and the events associated with them in the appropriate chronological order.

1. _____   a. l'adolescenza

2. _____   b. l'infanzia

3. _____   c. la giovinezza

4. _____   d. la mezza età

5. _____   e. la morte

6. _____   f. la vecchiaia

Verbs

adottare	*to adopt*
allevare	*to raise*
avere un rapporto sessuale (con)	*to have sex (with)*
crescere	*to grow (up)*
dare alla luce	*to give birth (to)*
eccitare	*to turn on, to arouse*
esistere	*to exist*
invecchiare	*to age; to grow old*
morire (di)	*to die (from/of)*
seppellire	*to bury*
suicidarsi	*to commit suicide*
vivere (aux. **avere/essere**)	*to live*

Sua nonna ha allevato dieci figli.	*Her grandma raised ten children.*
Mia cugina ha dato alla luce due gemelli.	*My cousin gave birth to twins.*

Complete the following sentences.

1. Giovanna ha _____ _____ _____ tre gemelli.

2. I bambini _____. Le persone anziane _____.

3. In Oregon e in Olanda l'_____ _____ è legale.

4. Le coppie che non possono avere figli spesso _____ un bambino.

5. Quando una persona ha avuto un rapporto sessuale non è più _____.

6. Vivere è l'opposto di _____.

Consumer society

Consumer society has taken hold in Italy in the last fifty years. A refined, long-standing tradition in the visual arts has greatly contributed to making Italy the center of modern design, both in clothing and in household furnishings. Italian luxury products can be found as far away as São Paolo, Shanghai, and Tokyo. Italy makes high-quality items available to the public at large: there is no to-the-trade-only retail sector in Italy.

l(o)'affare (usually sing.)	*bargain; deal*
l(o)'articolo	*article; item*
il, la cliente	*client; customer*
il commercio	*commerce; trade*
il consumatore / la consumatrice	*consumer*
il consumo; i consumi	*consumption*
il lusso	*luxury*
il made-in-Italy (sing.)	*made-in-Italy products*
il magazzino (sing.); lo stock	*stock (inventory)*
la merce	*merchandise*
il prodotto	*product*
la pubblicità; la réclame	*advertisement*
la roba (sing.)	*stuff*
la spesa (alimentare) (sing.); le spese (pl.); l(o)'acquisto	*shopping*

Quanta roba c'è nell'armadio!	*How much stuff there is in that closet!*
Il made-in-Italy si vende bene in Giappone.	*Made-in-Italy products sell well in Japan.*

ESERCIZIO
6·1

*Decide whether the following statements are true (**T**) or false (**F**).*

1. I consumi sono diminuiti negli ultimi trent'anni. _____

2. Il commercio non ha bisogno di consumatori. _____

3. Il made-in-Italy è diventato famoso negli ultimi trent'anni. _____

4. I prodotti di lusso costano poco. _____

5. La pubblicità non serve a vendere i prodotti. _____

Shopping

andare in fallimento; fare fallimento	to go out of business
aprire	to open
aumentare; alzare	to raise; to increase
cambiare	to change
chiudere	to close
comp(e)rare; acquistare	to buy; to purchase
consumare	to consume
costare	to cost
diminuire	to lower; to decrease
(andare a) far(e) la spesa / (le) spese	to shop; to go shopping (for food)
(andare a) fare una commissione	to do / go on an errand
fare le commissioni	to do errands
fare lo/uno sconto	to give a discount
pagare	to pay
reclamare (aux. **avere**)	to complain
rendere; restituire	to return
risparmiare	to save
spendere	to spend
vendere	to sell

Vai tu a fare la spesa?	*Will you go shopping?*
Quanto fa?	*How much is it?*

ESERCIZIO
6·2

Complete the sentences below, by choosing from the verbs listed above. Use the infinitive or the present indicative.

1. Sono già le nove! Ma a che ora _____ il supermercato?

2. Mia sorella ha bisogno di un prestito perché _____ troppo.

3. Non abbiamo né latte, né pane. Vai tu a _____ _____ _____?

4. In quel negozio puoi _____ un articolo se non ti piace.

ESERCIZIO
6·3

Complete the following sentences by choosing from the options listed after each of them.

1. È l'ultimo articolo in magazzino. Mi _____?
   a. paga   b. fa uno sconto   c. sconta

2. Ma i prezzi _____ sempre?
   a. costano   b. risparmiano   c. aumentano

3. Non andiamo più in quel negozio perché _____ i prezzi del dieci per cento.
   a. hanno venduto   b. hanno alzato   c. hanno rimborsato

4. Quanto _____ questa lampada?
   a. costa   b. paga   c. rende

Describing shopping

a buon mercato; di bassa qualità; conveniente; che costa poco	*cheap*
aperto	*open*
caro; costoso	*dear; expensive*
chiuso	*closed*
di bassa/cattiva qualità	*low/poor quality*
di buona/alta qualità	*good/high quality*
di moda	*in fashion*
di seconda mano	*secondhand; used*
fatto a mano	*handmade*
fatto su misura	*custom-/tailor-made*
fuori moda	*out of fashion*
gratis; gratuito	*free*
in garanzia	*under warrantee*
in saldo	*on sale*
(fatto) in serie; di serie	*mass-produced*
in vendita	*for sale*
nuovo	*new*

Ho comprato una bella giacca in saldo.	*I bought a nice jacket on sale.*
Queste scarpe sono di bassa qualità.	*These shoes are not good quality.*

ESERCIZIO
6·4

Complete the following sentences, by choosing from the adjectives listed above.

1. Al mercato di quartiere trovi dei prodotti a prezzi _____.

2. «500 euro per un paio di scarpe»?! «Ma sono _____ _____ _____, Signore».

3. I pantaloni larghi in fondo non sono più _____ _____.

4. I prodotti fatti a mano costano molto, ma quelli _____ _____ _____ costano poco.

Paying

l(o, a)'acquirente; il compratore / la compratrice	*buyer*
l(o)'acquisto; le compere (pl.)	*purchase*
l(o)'affare	*bargain; deal*
l(o)'assegno	*check*
la carta di credito	*credit card*
la cartina del bancomat / il bancomat	*ATM/debit card*
la cassa	*cashier's desk*
il cassiere / la cassiera	*cashier*
il contante (often used in the pl.)	*cash*
il prezzo	*price*
la rata	*installment*

il resto (sing.); **gli spiccioli** (pl.)	*change (after a transaction); change (coins)*
la ricevuta; lo scontrino	*receipt*
i soldi (pl.); **il denaro**	*money*
la vendita; il saldo (often used in the pl.)	*sale*
il venditore / la venditrice	*seller*

Signora, dimentica il resto!	*Madam, you're forgetting your change!*
Mio fratello ha perso la cartina del bancomat.	*My brother lost his ATM card.*

ESERCIZIO 6·5

Provide the words described in the following definitions. Add the article.

1. Document issued by vendor acknowledging receipt of an amount of money. _____

2. A written order directing a bank to pay money. _____

3. An advantageous purchase. _____

4. Each installment with which merchandise is paid over a specified period. _____

5. Balance of money received when amount tendered is greater than the amount due. _____

ESERCIZIO 6·6

Add the past participle of the appropriate verb to the following sentences.

1. I miei genitori hanno _____ una nuova casa al mare.

2. Il paese ha _____ più di quanto ha prodotto.

3. Ho _____ le commissioni ieri.

4. Avete _____ il conto?

5. «Aspetto il collegamento Internet da due mesi»! «Incredibile! Ma hai _____»?

Stores

The Italian structure of retail and distribution is now made of shopping malls, superstores, and chains, as in the United States. Store hours have become more flexible. Small stores are struggling to survive. Quality has not always been the winner in this change.

la bancarella [del mercato]	*market stand*
la catena	*chain*
il centro commerciale	*shopping mall*
il commesso / la commessa	*salesperson*
il grande magazzino	*department store*

l(a) insegna [del negozio]	*[store] sign*
il magazzino	*warehouse*
il mercato	*market*
il mercato dei contadini	*farmers' market*
il, la negoziante	*shopkeeper; vendor*
il negozio di abbigliamento	*clothing store*
il negozio di casalinghi; i casalinghi	*housewares store*
il negozio di dischi	*music store*
il negozio di elettrodomestici	*appliance store*
il negozio di ferramenta; il ferramenta	*hardware store*
il negozio di generi vari; il bazaar	*drugstore*
il negozio di mobili/arredamento	*furniture store*
l(o)'orario [di apertura]	*store hours*
il supermercato; il supermarket	*supermarket*
il venditore / la venditrice ambulante	*street vendor*

Carrefour è una catena di grandi magazzini.	*Carrefour is a supermarket chain.*
Che orario fa la panetteria?	*What are the store hours of the bakery?*
Compro la verdura dalle bancarelle dei contadini.	*I buy my vegetables from the farmers' stands.*

ESERCIZIO
6·7

In each of the following series, mark the word that does not match the other three.

1. a. il centro commerciale   b. il supermercato   c. il grande magazzino   d. la bancarella

2. a. il mercato   b. il commesso   c. la bancarella   d. il venditore ambulante

3. a. il supermercato   b. il commesso   c. la cassiera   d. la negoziante

4. a. lo stock   b. la merce   c. i prodotti   d. l'insegna

In Italian, names of stores are often formed by adding **-ìa** or **-erìa** to the stem of the noun indicating the merchandise or the vendor.

il farmac-o	*drug*	**il farmacista**	*pharmacist*	**la farmacìa**	*pharmacy*
———		**il gastronomo**	*gourmet*	**la gastronomìa**	*delicatessen*
il libr-o	*book*	**il libr-aio**	*bookseller*	**la librerìa**	*bookstore*
il pan-e	*bread*	**il panett-iere**	*baker*	**la panetterìa**	*bakery*

ESERCIZIO
6·8

Form the name of the stores where the commercial activities listed below take place. Add the article.

1. il gelato (*ice cream*) _____ _____

2. il gioiello (*jewel*) _____ _____

3. il latte (*milk*) _____ _____

4. il macello (*butcher*) _____ _____

5. il profumo (*perfume*) _____ _____

6. il salame (*salami*) _____ _____

7. il tabacco (*tobacco*) _____ _____

We can use **da** + *article* + *name of the provider* to indicate where we are purchasing something. When we use the name of a store, we use **in** + *noun* which conveys both place where and motion toward; we use **da** to convey motion from.

Sono dal droghiere.	*I'm in/at at the greengrocer's.*
Vado in drogheria.	*I'm going to the grocery store.*
Sono tornati i bambini dal gelataio?	*Did the children come back from the ice-cream parlor?*

ESERCIZIO
6·9

In the following sentences, replace the nouns conveying the provider of a service with the nouns indicating the stores.

1. «Che buono questo gelato! Dove l'hai preso»? «Dal gelataio». _____

2. «Dove posso comprare i francobolli»? «Dal tabaccaio». _____

3. Mia figlia ha speso 300 euro dal profumiere! _____

4. Mauro si è dimenticato di passare dal panettiere. _____

5. Vai dal salumaio? Compra due etti di olive, per favore. _____

Italy is famous for its clothes, leather goods, furniture, and modern design in general. Production is still dominated by small- to medium-sized firms which combine flexibility and high quality.

il camerino	*dressing room*
il capo [di vestiario]	*garment; item of clothing*
il manichino	*mannequin*
la misura (shoes, lingerie, and clothes); **la taglia** (clothes only)	*size*
la moda	*fashion*
la ragazza da copertina; la modella	*cover girl; model*
la sfilata	*fashion show*
lo, la stilista	*fashion designer*
la vetrina	*window*
il, la vetrinista	*window dresser*

Mi sembra una taglia 52, Signore.	*You look like a size 52 to me, Sir.*
Mia madre ha fatto la modella.	*My mother was a fashion model.*

Complete the following sentences, choosing from the words listed below.

1. _____ sono ben pagate, ma hanno una carriera breve.
   a. I manichini   b. I vetrinisti   c. Le modelle

2. Parigi è ancora il centro mondiale _____.
   a. della moda   b. dell'alta moda   c. dell'abbigliamento

3. Sono andata a Milano a vedere _____ della moda pronta.
   a. le passerelle   b. le sfilate   c. le vetrine

4. _____ vestono i manichini.
   a. Le ragazze da copertina   b. Gli stilisti   c. Le vetriniste

Describing clothing

a righe	*striped*
casual (unchangeable)	*casual*
consumato	*worn out; shabby*
(abbigliamento) da uomo/donna/ bambino	*men's/women's/children's (apparel)*
di buon gusto	*tasteful; in good taste*
fantasia (unchangeable)	*with a pattern*
elegante	*elegant*
scozzese	*plaid*
sportivo	*sporty*
(in) tinta unita	*solid*
volgare; di cattivo gusto	*tacky*

Quel negozio vende abiti da bambino.   *That store sells children's clothes.*
Lei ha molto buon gusto.   *She has very good taste.*

In the sentences below, add the qualifier listed in parentheses, modifying it in gender and number (if possible) when it refers to a noun.

1. Ha tante giacche, ma mette solo quella blu, che è tutta _____. (consumato)

2. Mario si veste sempre _____. (elegante)

3. Mia sorella ha cinquant'anni, ma si veste ancora _____. (casual)

4. Non mi sono mai comprata un abito _____. (fantasia)

5. Stefania porta solo abiti _____. (sportivo)

Clothing items

l(o)'abbigliamento	*apparel*
l(o)'abito lungo / da sera	*evening gown*
la camicia; la camicetta (women)	*shirt*
il cappotto; il giaccone	*(over)coat*
la cerniera lampo; la zip	*zipper*
il golf / la maglia	*sweater*
l(o)'impermeabile	*raincoat*
i (blue) jeans (pl.)	*(blue) jeans*
il panciotto; il gilè / gilet	*vest*
i pantaloni (pl.)	*pants; slacks; trousers*
i pantaloni corti (pl.)	*shorts*
la pelliccia	*fur coat*
il piumone	*down coat*
lo smoking	*tuxedo*
la T-shirt; la maglietta	*T-shirt*
il vestito / l(o)'abito [da uomo/donna]; il tailleur (women)	*suit*
il vestito; l(o)'abito	*dress*
i vestiti (pl.)	*clothes*

Non ho mai avuto un abito da sera.	*I've never had an evening gown.*
Il panciotto è decisamente fuori moda.	*The vest is decidedly out of style.*

ESERCIZIO 6·12

Complete the following sentences with the appropriate garment.

1. Quando piove metti _____.

2. Per la prima alla Scala mio marito metterà _____.

3. Quando fa veramente freddo, serve _____, _____ o _____ da mettere sopra i vestiti.

4. «Quante _____ ti sei messa»? «Ho freddo»!

5. _____ _____ _____ sono adatti quando fa molto caldo.

Clothes and colors

arancione	*orange*
beige (invariable)	*beige*
bianco	*white*
blu (invariable)	*blue*
bordeaux (invariable)	*burgundy*
celeste; azzurro	*sky blue; azure*
giallo	*yellow*
grigio	*gray*
lilla (invariable)	*lilac*
marrone	*brown*
nero	*black*

rosa (invariable)	*pink*
rosso	*red*
verde	*green*
viola (invariable)	*violet*

Paola ha dieci vestiti blu.
Ha comprato uno smoking bordeaux.

Paola has ten blue dresses.
He bought a burgundy tuxedo.

ESERCIZIO
6·13

Match adjective and noun. Change the ending of the adjective to match gender and number when possible.

1. arancione la maglietta _____

2. beige i pantaloni _____

3. bianco la T-shirt _____

4. blu la felpa _____

5. bordeaux il panciotto _____

6. grigio la gonna _____

7. lilla l'abito da sera _____

8. marrone le pellicce _____

9. nero gli smoking _____

Dressing and undressing

andar(e) bene (a)	*to fit*
cucire	*to sew*
essere adatto (a); star(e) bene (a)	*to suit; to look good (on)*
intonarsi (con); stare bene insieme	*to match*
mettere/mettersi [addosso]	*to put on*
portare; indossare	*to wear*
provare; misurare	*to try on*
strappare	*to tear*
svestire; svestirsi	*to undress*
tagliare	*to cut*
togliere/togliersi [di dosso]	*to take off*
vestire; vestirsi	*to dress; to get dressed*

Quel vestito è carino, ma non ti va bene.
Quel vestito è carino, ma non ti sta bene.

That dress is nice, but it doesn't fit you.
That dress is nice, but it doesn't suit you.

Replace the verbs in parentheses in the following sentences with the reflexive form.

1. Gianna (ha messo) _____ _____ _____ le scarpe nuove.

2. Noi (abbiamo tolto) _____ _____ _____ prima di fare la doccia.

3. Maria (ha provato) dieci vestiti. _____

4. (Metto) un altro golf. Questo è vecchio. _____

5. Non (tolgono) il cappotto, Signori? Fa caldo qui dentro. _____

Fabrics

il cotone	*cotton*
il cuoio	*leather*
la lana	*wool*
il lino	*linen*
il nylon	*nylon*
il pizzo	*lace*
il poliestere	*polyester*
la seta	*silk*
il velluto	*velvet*
la viscosa	*rayon*

When we wish to convey with what material a garment is made, we can use **di** (more common) or **in** + *noun*.

la camicetta di viscosa	*rayon shirt*
la tenda in velluto	*velvet curtain*

*Translate the following phrases. Use **di** + noun.*

1. cotton shirt _____

2. leather jacket _____

3. linen suit _____

4. nylon stockings _____

5. silk skirt _____

6. wool sweater _____

Lingerie

la biancheria intima (sing.); **l(o)'intimo** (sing.)	*lingerie; intimates*
il body	*bodysuit; corset*
la calza	*stocking*
il calzino	*sock*
la camicia da notte	*night shirt*
il collant; un paio di collant	*pantyhose; a pair of pantyhose*
le mutande [da uomo]; le mutandine [da donna]; un paio di mutande/ mutandine (pl.)	*briefs; panties; underwear; a pair of underwear*
il paio, le paia (**di** + noun in the plural without the article)	*pair (of)*
la pantofola	*slipper*
il pigiama	*(pair of) pajamas*
il reggiseno	*bra*

Dove sono le calze dei bambini?	*Where are the children's socks?*
Hai un paio di collant da prestarmi?	*Do you have a pair of pantyhose to lend me?*

ESERCIZIO

6·16

*In the following sentences, use **di** and add the material/materials with which each piece of lingerie can be made. Choose among the following kinds of fabrics: **lana**, **velluto**, **nylon**, **cotone**.*

1. I calzini leggeri sono _____ _____.

2. I collant sono _____ _____.

3. Il pigiama può essere _____ _____ o _____ _____.

4. Il body può essere _____ _____ o _____ _____.

5. La canottiera per l'inverno è _____ _____.

6. Le pantofole eleganti sono spesso _____ _____.

Accessories

l(o)'accessorio	*accessory*
la borsa	*bag*
la borsetta	*purse; handbag*
il cappello	*hat*
la cintura	*belt*
la cravatta	*tie*
il guanto	*glove*
l(o)'ombrello	*umbrella*
il portafoglio	*wallet*
il sandalo	*sandal*
la scarpa	*shoe*

la sciarpa	*scarf*
lo stivale	*boot*

La regina Elisabetta adora le borsette.	*Queen Elizabeth loves purses.*
Regagliamogli un paio di guanti.	*Let's give him a pair of gloves.*

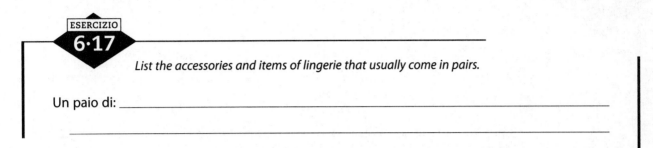

ESERCIZIO
6·17

List the accessories and items of lingerie that usually come in pairs.

Un paio di: _____

_____

Jewelry

l(o)'anello	*ring*
l(o)'argento	*silver*
la bigiotteria	*costume jewelry*
il braccialetto	*bracelet*
la collana	*necklace*
il diamante; il brillante	*diamond*
il gioiello, i gioielli / la gioielleria	*(piece of) jewelry*
l(o)'orecchino	*earring*
l(o)'oro	*gold*
la perla	*pearl*
la pietra preziosa	*precious stone*
la spilla	*pin; brooch*

Le ha regalato un brillante.	*He gave her a diamond.*
I gioielli veri sono nella cassaforte.	*The real jewelry is in the safe.*

ESERCIZIO
6·18

Complete the following sentences, choosing from the options listed below.

1. Gli orecchini di diamanti stanno bene con _____.
   a. la collana di diamanti   b. le perle   c. l'anello d(i)'oro

2. Ho perso _____!
   a. la bigiotteria   b. un orecchino   c. l'orafo

3. La _____ a volte costa quasi come i gioielli veri.
   a. collana   b. anelli   c. bigiotteria

4. Le ha regalato _____ di fidanzamento con un grosso diamante.
   a. un anello   b. una spilla   c. un paio di orecchini

Housing

Since Roman times, Italians have lived in multifamily dwellings, in close quarters. Most modern cities have grown around a medieval core of narrow streets, whose renovated buildings now command high prices. Neighborhoods built after World War II are called collectively **la periferia** (*outskirts*), not the same as **i sobborghi** (*suburbs*), because they are contiguous with the geographical and historical city center. They were often built without giving much thought to aesthetics and non-essential services and are usually considered less desirable.

Seventy-two percent of Italians own their own home, usually an apartment. Many of them own a second home, often in the countryside place of origin of their family.

la campagna (sing.)	*countryside*
il centro[città]	*downtown; city center*
la città	*city; town*
la cittadina; il paese	*town*
il corso	*avenue*
il paesino; il villaggio	*village*
la periferia	*outskirts; periphery*
la piazza	*square; plaza*
il quartiere; il vicinato (sing.)	*neighborhood*
il sobborgo	*suburb*
la via; la strada	*street*
il viale (usually lined with trees)	*boulevard*

Abito in periferia, a venti minuti dal centro.	*I live in the outskirts, about twenty minutes away from downtown.*
Vanno a vivere in campagna.	*They're going to live in the country.*

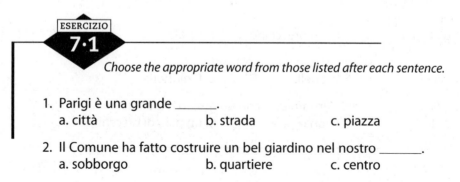

ESERCIZIO
7·1

Choose the appropriate word from those listed after each sentence.

1. Parigi è una grande _____.
   a. città   b. strada   c. piazza

2. Il Comune ha fatto costruire un bel giardino nel nostro _____.
   a. sobborgo   b. quartiere   c. centro

3. I _____ della città sono cresciuti molto negli ultimi dieci anni.
   a. quartiere   b. sobborghi   c. periferie

4. La _____ centrale del paese si riempie di gente verso sera.
   a. periferia   b. viale   c. piazza

5. Non mi piace _____ Garibaldi. È così stretta!
   a. quartiere   b. piazza   c. via

   To convey in what kind of place or environment you live, Italian uses different constructions with different words:

> **in** + *noun*: **campagna, centro, città, paese, periferia, piazza**
> **in** + *indefinite article* + *noun*: **paese, paesino, cittadina, ghetto, villaggio**
> **in** + *definite article* + *noun*: **sobborghi**
> **su** + *indefinite article* + *noun*: **viale, corso**
> Note that *out of town* translates to **fuori città**.

ESERCIZIO

7·2

Complete the following sentences by choosing the appropriate construction.

1. Il suo appartamento è _____. (corso)

2. In Italia, la gente preferisce vivere _____ non troppo grande. (cittadina)

3. Non riusciamo a decidere se restare _____, o andare _____. (città; campagna)

4. Siamo andati a vivere _____, ma non siamo molto contenti. (sobborghi)

5. Vive _____ molto piccolo e molto tranquillo. (paesino)

Housing arrangements

l(o)'amministratore (m. and f.)	*condominium manager*
l(o)'appartamento; l(o)'alloggio	*apartment*
l(o)'attico	*penthouse*
la casa	*home; house; place*

  Casa and **appartamento** translate as *house* or *apartment*. When either is our primary residence, we call it **casa**, which Americans would call *home*.

Sono a casa / in casa.	*I'm at home.*
Sono riusciti a comprarsi la casa.	*They were able to buy their own home.*
la casa/villetta (unifamigliare)	*single-family house*
la casa di riposo	*nursing home*
la casa per anziani	*retirement community*
le case popolari (pl.)	*projects; subsidized housing*
il condominio	*condominium*
l(o)'edificio; il caseggiato	*building; multi-dwelling building*
il grattacielo	*skyscraper*

il palazzo	*palace; building*
il portinaio	*doorman; concierge*
il senzatetto, i senzatetto	*homeless person*
il villone; il maniero	*mansion*

Ci sono trenta appartamenti nel loro caseggiato.	*There are thirty apartments in their building.*
Dobbiamo pagare la rata del condominio!	*We must pay our condo fees!*

ESERCIZIO

7·3

In each of the following series, mark the word that does not belong.

1. a. il palazzo   b. il caseggiato   c. l'edificio   d. l'attico

2. a. il condominio   b. le case popolari   c. il senzatetto   d. la casa

3. a. il grattacielo   b. l'attico   c. il caseggiato   d. l'edificio

4. a. la villetta   b. la casa   c. il portinaio   d. il condominio

Renting and buying

abitare (aux. avere)	*to live; to reside*
affittare; dare in affitto	*to lease; to let*
affittare; prendere in affitto; essere in affitto	*to rent*
fare il mutuo	*to get a mortgage*
fare un(a)'offerta	*to bid*
possedere; essere proprietario (di)	*to own*
sfrattare	*to evict*
stabilirsi	*to settle*
subaffittare	*to sublet*
traslocare (aux. avere); cambiar(e) casa	*to move*
vivere (aux. avere/essere)	*to live*

«Dove abiti»? «Abito in Via Spiga 3».	*"Where do you live?" "I live at 3 Via Spiga."*
Hai fatto un mutuo trentennale?	*Did you get a thirty-year mortgage?*

ESERCIZIO

7·4

*Choosing from the verbs listed above, answer yes (**Y**) or no (**N**) to the following questions. (For basic verbs regarding commercial transactions, review Unit 6.)*

1. Puoi prendere in affitto un intero edificio? _____

2. Quando traslochi vuol dire che cambi casa? _____

3. Puoi vendere l'appartamento che hai affittato? _____

4. Se non paghi l'affitto puoi essere sfrattato? _____

5. Se paghi l'affitto, sei proprietario della casa? _____

Real estate

l(o)'affitto	*rent*
l(o, a)'agente immobiliare	*real estate agent*
la caparra; l(o)'acconto	*deposit; down payment*
la compagnia dei/di traslochi; i traslochi (pl.)	*movers; moving company*
la compravendita	*buying and selling*
il condomino	*condominium (condo) owner*
il contratto (d'affitto)	*lease*
l(o)'inquilino	*tenant*
il mutuo	*mortgage*
il padrone / la padrona di casa	*landlord; owner*
la posizione	*location*
la proprietà	*property*
la proprietà immobiliare; gli immobili (pl.)	*real estate*
il proprietario	*owner*
il subaffitto	*sublet*
il trasloco	*moving*
Sono in subaffitto.	*I'm subletting.*
Sono arrivati quelli dei traslochi.	*The movers have arrived.*

ESERCIZIO

7·5

Complete the beginning of each sentence on the left with the appropriate conclusion taken from those listed on the right.

1. Gli agenti immobiliari _____

2. Il mio inquilino _____

3. Non abbiamo ancora il telefono, _____

4. Potete ottenere un mutuo _____

5. Questo appartamento costa molto _____

6. Sono in affitto _____

a. anche se pagate solo il 10 per cento di acconto!

b. hanno una commissione del 5 per cento.

c. non mi paga l'affitto!

d. perché abbiamo appena fatto il trasloco.

e. perché è in una bellissima posizione.

f. perché non posso comprarmi la casa.

Professionals in the building sector

l(o)'architetto (m. and f.)	*architect*
il decoratore (m. and f.); l(o)'imbianchino	*painter*
l(o)'elettricista (m. and f.)	*electrician*
il falegname (m. and f.)	*carpenter*
l(o)'idraulico (m. and f.)	*plumber*
l(o)'impresario [edile] (m. and f.)	*contractor; developer*
l(o)'ingegnere [civile]	*civil engineer*
il muratore (m. and f.)	*mason; bricklayer*
il, la piastrellista	*tile installer*

Mia figlia studia da architetto.   *My daughter is studying to be an architect.*
Papà ha trovato un buon impresario.   *Dad found a good contractor.*

ESERCIZIO
7·6

Provide the male nouns described in the following definitions.

1. Chi costruisce e ripara i sistemi di distribuzione delle acque. _____

2. Chi costruisce muri. _____

3. Chi dipinge i muri di una casa. _____

4. Chi dirige un'impresa di costruzioni. _____

5. Chi disegna e progetta edifici. _____

6. Chi installa le piastrelle. _____

Building and repairing

aggiustare	*to mend; to repair*
avvitare	*to screw*
costruire	*to build*
installare	*to install*
montare	*to assemble*
perdere; avere una perdita	*to leak; to have a leak*
piantare un chiodo	*to drive a nail*
riparare	*to repair; to fix*
ristrutturare	*to remodel*
scavare	*to dig*
segare	*to saw*
svitare	*to unscrew*

L'idraulico ha riparato il rubinetto.   *The plumber fixed the faucet.*
Hai installato tu le piastrelle?! Che brava!   *You installed the tiles yourself?! Bravo!*

ESERCIZIO
7·7

Complete the following sentences with the appropriate verb. Use the present indicative or the infinitive.

1. Devo dire all'idraulico di tornare, perché il rubinetto continua a _____.

2. Faccio _____ la vecchia casa dei nonni.

3. I mobili costano poco all'IKEA, ma te li devi _____ da solo.

4. I miei zii hanno deciso di _____ una nuova casa in campagna.

5. L'elettricista viene domani a _____ la televisione.

Tools and materials

l(o)'arnese; l(o)'aggeggio (often useless)	*gadget*
l(o)'attrezzo; l(o)'utensile	*tool*
il cacciavite	*screwdriver*
il chiodo	*nail*
il corto circuito	*short circuit*
l(a)'elettricità; la luce (sing.)	*electricity; power*
il filo/cavo [elettrico]	*(electrical) wire*
il martello	*hammer*
la sega	*saw*
il trapano	*drill*
il tubo / la tubatura	*pipe*
la vite	*screw*

Mio marito si è comprato un altro aggeggio!	*My husband bought another gadget!*
È andata via l'elettricità.	*The electricity went out.*

ESERCIZIO
7·8

Add the tools and materials you need to complete the job in question or to explain what caused the problem you are trying to solve.

1. Hai bisogno del _____ e dei _____ per piantare dei chiodi.

2. Il _____ serve ad avvitare le _____.

3. Mio marito ha il garage pieno di _____ che non servono a niente.

4. Non c'è più corrente perché c'è stato un _____ _____.

5. Signora, per riparare la perdita devo cambiare il _____.

6. La _____ elettrica è comoda, ma bisogna usarla con attenzione.

In Italy, wood has never been builders' material of choice: the Romans built five-story multifamily dwellings made of bricks. Today, a house of any size is built with brick walls (covered with plaster), attached to a structure of reinforced concrete pillars. Marble, tile, and wood are mostly used for flooring.

l(o)'acciaio [inossidabile]	*(stainless) steel*
l(o)'asfalto	*asphalt*
il cantiere [edile]	*construction site*
il cemento; il cemento armato	*cement; (reinforced) concrete*
la colonna	*column*
le fondamenta (pl.)	*foundations*
il ferro	*iron*
la gru, le gru	*crane*
il legno	*wood*
il marmo	*marble*
il materiale	*material*
il mattone	*brick*

il muro (house) / **la parete** (room); **le mura** (city, pl.)	*wall(s)*
la piastrella [di ceramica]	*(ceramic) tile*
la pietra	*stone*
la plastica	*plastic*
la tappezzeria	*wallpaper*
la tinta	*paint*
il vetro	*glass*

Le case italiane sono di cemento armato.	*Italian houses are built with reinforced concrete.*
Una stanza ha quattro pareti.	*A room has four walls.*

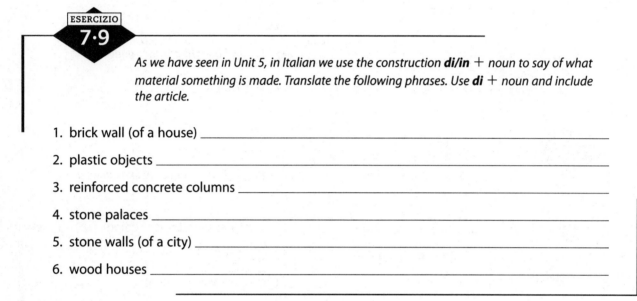

ESERCIZIO
7·9

As we have seen in Unit 5, in Italian we use the construction **di/in** + noun to say of what material something is made. Translate the following phrases. Use **di** + noun and include the article.

1. brick wall (of a house) _____

2. plastic objects _____

3. reinforced concrete columns _____

4. stone palaces _____

5. stone walls (of a city) _____

6. wood houses _____

ESERCIZIO
7·10

Answer yes (**Y**) or no (**N**) to the following questions.

1. Gli Incas costruivano grandi palazzi di pietra? _____

2. Gli oggetti di plastica sono pesanti e fragili? _____

3. I pavimenti possono essere di alluminio? _____

4. In Italia la maggior parte delle case sono di legno? _____

5. Negli Stati Uniti la maggior parte delle case sono fatte di legno? _____

Building exteriors

il balcone	*balcony*
il cancello	*gate*
il cortile	*courtyard*
la finestra	*window*

il fronte [della casa]	*front*
la persiana	*shutter*
la porta / il portone	*door; front door*
la porta finestra	*French window/door*
la portineria / il portinaio	*doorman; concierge*
la ringhiera	*railing*
la staccionata (di legno); la cancellata (di ferro)	*(wood) fence; (iron) fence*
il tetto	*roof*
la tegola	*roof tile*

I Pizzetto hanno tirato su una cancellata.	*The Pizzettos put up an iron fence.*
Donatella si è affacciata alla finestra.	*Donatella came to the window.*

ESERCIZIO

7·11

Complete the following sentences, choosing from the words listed after each of them.

1. Abbiamo fatto costruire _____ di legno per separarci un po' dai vicini.
   a. una cancellata   b. una staccionata   c. una ringhiera

2. I bambini possono giocare _____ tra le due e le quattro.
   a. sul tetto   b. sul fronte   c. in cortile

3. È caduta _____ dal tetto. Per fortuna non ha colpito nessuno.
   a. una persiana   b. una tegola   c. una porta

4. _____ della casa si vede dalla strada.
   a. La facciata   b. La ringhiera   c. La persiana

Interiors

l(a)'aria condizionata	*air-conditioning*
l(o)'ascensore	*elevator*
la cantina	*(wine) cellar; basement*
la chiave	*key*
il garage	*garage*
l(o)'impianto antifurto; l(o)'allarme	*burglar alarm*
l(o)'interruttore [della luce]	*(light) switch*
il pavimento	*floor*
il piano	*floor; story*
il [sistema di] riscaldamento	*heating (system)*
il rubinetto	*faucet; tap*
la scala	*stair; staircase*
lo scaldabagno, gli scaldabagno; il boiler	*water heater*
il seminterrato	*basement*
il soffitto	*ceiling*

È scattato l'allarme!	*The alarm went off!*
È un edificio a tre piani.	*It's a three-story building.*

Complete the following sentences choosing from the words listed above.

1. Accendi _____, se no non possiamo fare la doccia.

2. Dai, facciamo le scale invece di prendere _____.

3. Ha voluto una casa con _____ molto grande perché ha tanti vini.

4. _____ c'è posto per tre automobili.

5. _____ di marmo era lucidissimo.

6. La sua casa ha _____ alti quattro metri.

7. Siamo al freddo perché il _____ non funziona.

Verbs

accendere (la luce o qualunque elettrodomestico)	*to switch/turn on (the light or an electric appliance)*
affacciarsi su; dare su; guardare a/verso	*to face*
aprire (il rubinetto / l'acqua / la luce)	*to turn on (the faucet/water/light)*
bussare (alla porta) (aux. **avere**)	*to knock (on/at the door)*
chiudere (il rubinetto / l'acqua / la luce)	*to turn off (the faucet/water/light)*
chiudere a chiave	*to lock*
entrare (in)	*to enter; to come in*
funzionare (aux. **avere**)	*to work (a mechanical/electrical appliance)*
non funzionare; essere guasto	*to be out of order; to be broken*
spegnere (la luce)	*to switch/turn off (the light)*
suonare il campanello	*to ring the bell*
suonare il citofono	*to ring the intercom*
uscire	*to walk out; to leave (exit)*

Non ho acceso il condizionatore.	*I didn't turn on the air conditioner.*
Hai chiuso il rubinetto centrale?	*Did you turn off the main tap?*

Add the appropriate verb to the following sentences.

1. Fa caldo. Puoi _____ il condizionatore?

2. Hai _____ _____ _____ la porta di casa prima di uscire?

3. Bisogna risparmiare energia elettrica. Per favore, _____ la luce.

4. Il campanello non _____. Bussa quando arrivi.

5. Ragazzi, _____ in casa! Fa freddo qui fuori.

Showing locations

a due arie	*crossed ventilation; double exposure*
acceso	*on*
al pian(o) terreno	*on the ground/first floor*
al primo piano	*on the second floor*
all(o)'ultimo piano	*on the top floor*
dentro (a); all(o)'interno	*in; indoors*
[al piano] di sopra	*upstairs*
[al piano] di sotto	*downstairs*
fuori (di); all(o)'esterno	*out; outdoors*
giù; di sotto	*down; below*
prefabbricato	*prefab(ricated)*
spento	*off*
su; di sopra	*up*
Attenti al cane!	*Beware of the dog!*
Avanti!	*Come in!*

ESERCIZIO

7·14

Replace the words in parentheses in each sentence with a synonymous word or phrase.

1. La sua ditta produce case (che si costruiscono in due settimane) _____.

2. Hanno un bellissimo appartamento (che guarda a nord e a sud) _____ _____
_____.

3. Le chiavi sono rimaste (giù) _____ _____.

4. Mia sorella vive al pianterreno. Io abito (un piano sopra il suo) _____ _____
_____.

Domestic life

·8·

To furnish their homes Italians favor simple, modern furniture which maximizes the use of space and which can be moved easily from residence to residence when people move. Even kitchens and bathrooms are furnished with modular furniture that can be adapted to any space with minor changes.

la camera da letto	*bedroom*
la camera/sala da pranzo	*dining room*
il corridoio	*hallway*
la cucina	*kitchen*
il giardino; l(o)'orto	*garden; vegetable garden*
l(o)'ingresso / l(a)'entrata	*foyer*
la pergola / il pergolato	*pergola; trellis*
il retro della casa; il giardino	*backyard*
lo sgabuzzino; il ripostiglio; l(o)' armadio a muro	*closet*
il soggiorno; il salotto	*living room (more formal, with or without a dining area)*
lo studio	*study; home office*
la terrazza	*terrace*
il tinello	*living room (informal living and dining room)*
la veranda; il portico	*porch*

Coltivo i pomodori nell'orto.	*I grow my own tomatoes in the garden.*
Non abbiamo abbastanza armadi a muro.	*We don't have enough closets.*

When we want to say where certain activities take place, in Italian we use the following constructions, to indicate both the place where and the motion toward the place.

in + *noun*: (also **a casa**), **terrazza**, **veranda**
in + *noun* (more common) or **in** + *article* + *noun*: **bagno**, **camera** (**da letto/pranzo**, etc.), **corridoio**, **cucina**, **giardino**, **ingresso**, **soggiorno**, **studio**, **terrazza**, **tinello**
in + *article* + *noun*: **appartamento**, **armadio a muro**, **orto**, **prato**
sotto + *article* + *noun*: **pergola**, **pergolato**
su + *article* + *noun*: **prato**, **terrazza**

Choose the appropriate room where the following activities are performed usually.

1. Dove vai a dormire? _____

2. Dove prepari la cena? _____

3. Dove intrattieni gli ospiti? _____

4. Dove mangia la famiglia la sera? _____

5. Dove mangi quando hai ospiti? _____

6. Dove fai toeletta al mattino? _____

7. Dove si mangia volentieri d'estate? _____

What we do at home

alzarsi	*to get up*
ammobiliare; arredare	*to furnish*
andare a dormire; andare a letto	*to go to bed*
ascoltare	*to listen to*
aver(e) caldo	*to be/feel cold*
aver(e) freddo	*to be/feel warm*
aver(e) sonno	*to be/feel sleepy*
dormire (aux. avere)	*to sleep*
fare del giardinaggio; fare l'orto	*to work in the garden*
guardare (la TV; un DVD, etc.)	*to watch (TV, a DVD, etc.)*
portare fuori / a spasso il cane	*to walk the dog*
salire/scendere le scale; andare su/giù	*to go upstairs/downstairs*
sedersi	*to sit down*
svegliarsi; svegliare	*to wake up; to wake (someone) up*

Puoi chiudere la finestra? Ho freddo.   *Can you close the window? I'm cold.*
Ida ha arredato la casa con mobili antichi.   *Ida furnished her entire house with antiques.*

Add the verb that describes the activity we perform in each of the rooms or spaces mentioned in the following sentences. Use the present indicative or the infinitive.

1. Accendiamo l'aria condizionata quando _____.

2. Andiamo a dormire quando _____.

3. In camera da letto si va a _____.

4. Andiamo a _____ sul divano.

5. È in giardino a _____.

6. Mi aiuti ad _____ la casa. Sei così brava!

7. Quando abbiamo ospiti, _____ in sala da pranzo.

Furniture

l(a)'armadio / il guardaroba, i guardaroba	*wardrobe*
l(o)'arredamento	*interior decoration; furniture*
l(o)'arredatore / l(a)'arredatrice	*interior decorator*
il camino; il caminetto	*fireplace*
il [mobile] componibile	*modular furniture*
i confort (pl.); le comodità (pl.)	*comforts*
la coperta	*blanket*
il cuscino	*cushion; pillow*
la lampada	*lamp*
il lenzuolo, le lenzuola	*sheet*
il letto	*bed*
il materasso	*mattress*
il mobile, i mobili	*piece of furniture; furniture*
la moquette	*carpet*
la poltrona	*armchair*
il quadro	*picture; painting*
lo scaffale / la libreria	*bookshelf*
la scrivania	*desk*
la sedia	*chair*
il sofà; il divano	*sofa*
il soprammobile	*knickknack*
lo specchio	*mirror*
il tappeto	*rug*
il tavolino	*coffee table*
il tavolo / la tavola	*table*
la tenda	*curtain*

Non abbiamo abbastanza scaffali per i libri.	*We don't have enough bookshelves for our books.*
La loro casa è piena di quadri astratti.	*Their house is full of abstract paintings.*

ESERCIZIO
8·3

Match the sentences listed in the left and right columns.

1. Come passi il fine settimana? _____

2. Che cosa gli piacerebbe fare? _____

3. Non riesco a montare il mobile. _____

4. Quanto avete pagato l'appartamento?! _____

5. Vendono una bella poltrona Luigi XV, _____

a. Hai letto bene le istruzioni?

b. In giardino a piantare fiori.

c. ma a me non piacciono i mobili antichi.

d. Un milione di euro, ma ha tutte le comodità.

e. Vorrebbe diventare arredatore.

Complete the following sentences. Choose one of the options listed after each of them.

1. Hai messo _____ sullo scaffale?
   a. i soprammobili   b. i quadri   c. le candele

2. Ho acceso _____ perché faceva freddo.
   a. la lampada   b. la luce   c. il camino

3. Ho messo il tappeto _____.
   a. sullo specchio   b. sotto il tavolo   c. sul quadro

4. Le _____ servono quando è buio.
   a. lampade   b. tende   c. tavolini

Describing interior decoration

(la cucina) abitabile	*eat-in (kitchen)*
ammobiliato; arredato	*furnished*
antico; di antiquariato	*antique*
classico	*classic*
comodo	*comfortable*
moderno	*contemporary; modern*
postmoderno	*postmodern*
scomodo	*uncomfortable*
tradizionale	*traditional*
vuoto	*empty*

A me non piace lo stile postmoderno.	*I don't like the postmodern style.*
Quella sedia è bella, ma scomoda.	*That chair is beautiful, but uncomfortable.*

Replace the phrases and sentences underlined with the appropriate qualifier from those listed on the right.

1. il letto che fa venire il mal di schiena   _____   a. ammobiliato

2. l'appartamento con tutti i mobili   _____   b. antiche

3. la lampada disegnata da Philip Stark   _____   c. comode

4. sei sedie Chippendale   _____   d. moderna

5. le poltrone con dei cuscini morbidissimi   _____   e. scomodo

Household appliances

l(a)'aspirapolvere, gli aspirapolvere / il battitappeto, i battitappeto (for wall-to-wall carpet)	*vacuum cleaner*
il congelatore	*freezer*
la cucina (a gas / elettrica)	*(gas/electric) range; stove*
l(o)'elettrodomestico	*appliance*
l(o)'essicatore	*dryer*
il ferro [da stiro]	*iron*
il forno	*oven*
il forno a microonde	*microwave oven*
il frigo[rifero], i frigo[riferi]	*refrigerator*
il, la lavapiatti, le lavapiatti; il, la lavastoviglie, le lavastoviglie	*dishwasher*
la [macchina] lavatrice; la macchina da lavare	*washing machine*
il lettore di DVD/CD	*DVD/CD player*
la radio, le radio	*radio*
il telecomando	*remote control*
il televisore / la televisione; la TV, le TV	*TV set*
la stufa	*stove*
la sveglia	*alarm clock*

Compriamo una TV con lo schermo piatto?	*Shall we buy a flat-screen TV?*
Hanno un congelatore più grande del frigo.	*They have a freezer bigger than the refrigerator.*

ESERCIZIO
8·6

Complete the following sentences.

1. Accendi la _____ per sentire il giornale radio.

2. Il _____ serve a tenere freschi i cibi.

3. L'energia elettrica fa funzionare tutti gli _____.

4. La lavastoviglie nuova è stata installata in _____.

In Italian we can form compound nouns by joining a verb and a noun, an adverb and a verb, or a prefix and a noun.

aprire + scatole → l(o)'apriscatole	*can opener*
bene + essere → il benessere	*well-being*
mini + gonna → la minigonna	*miniskirt*

Form one word out of the verb + noun pairs listed below. Include the article for the newly formed word. All the words you will form appear in previous units of this book or in the later sections of this unit.

1. asciugare i capelli _____

2. asciugare la mano _____

3. cavare i tappi _____

4. colare la pasta _____

Match the words listed on the left with their complementary parts on the right.

1. fisio_____   a. (a) sciutta

2. pasta_____   b. dipendente

3. tossico_____   c. registratore

4. video_____   d. terapista

Match the prefixes listed on the left with their complementary parts on the right. Omit the letters in parentheses before creating the new word.

1. anti_____   a. aceti

2. extra_____   b. mercato

3. sott(o)_____   c. pasto

4. super_____   d. terrestre

Housework

apparecchiare	to set the table
asciugare	to dry
fare il bucato; lavare la biancheria	to do the laundry
(ri)fare il letto	to do/make the bed
fare le pulizie [di casa]	to do the housecleaning
lavare	to wash
lucidare	to polish

mettere in ordine	*to put in order; to straighten up*
passare l(o)'aspirapolvere / il battitappeto	*to vacuum*
pulire	*to clean*
scopare	*to sweep*
sparecchiare	*to clear the table*
sporcare	*to soil*
stirare	*to iron; to press*

Bambini, rifate il letto!	*Children, remake your beds!*
Mio marito fa tutte le pulizie.	*My husband does all the housecleaning.*

ESERCIZIO
8·10

Add the verb indicating what cleaning activity is being performed in each sentence.

1. Il cane ha lasciato i peli sulla moquette. Devo proprio _____.

2. L'essiccatore serve ad _____ il bucato.

3. Mio marito si è comprato un ferro nuovo per _____ le camicie.

4. Nel lavello si _____ i piatti.

5. Pietro, devi _____ _____ _____la tua stanza, se no niente televisione!

Housecleaning

il bucato	*laundry*
la cameriera; la domestica	*maid; housekeeper*
la casalinga (il casalingo, ironic)	*housewife*
il detersivo; il detergente	*detergent*
il maggiordomo	*butler*
la polvere (sing.)	*dust*
la roba sporca (sing.)	*dirty clothes*
la scopa	*broom*
lo Scottex	*paper towel*
lo spazzettone	*mop*
lo straccio; lo strofinaccio	*rag*

ESERCIZIO
8·11

Mark the word that does not belong in each of the following sequences.

1. a. sporcare   b. pulire   c. lucidare   d. lavare

2. a. la domestica   b. lo spazzettone   c. la cameriera   d. il maggiordomo

3. a. la scopa   b. la polvere   c. lo strofinaccio   d. lo spazzettone

4. a. il bucato   b. il detersivo   c. la roba sporca   d. lo Scottex

Food

Italian cuisine is known for the flavor of its ingredients and products, for its regional variations, and for cooking tasty but simple dishes. In the late 1970s the association Slow Food was launched in Piedmont. Its name was chosen in antithesis to fast food; its founders chose a snail as its symbol. Slow Food now has over 80,000 members all over the world. It encourages organic agriculture, supports traditional products and modes of production, and fair trade practices.

l(o)'antipasto	*appetizer*
il buongustaio	*gourmet*
la cena	*dinner*
il cibo	*food*
la [prima] colazione	*breakfast*
il contorno	*side dish*
il cuoco; lo chef (m. and f.)	*cook; chef*
il dolce; il dessert	*dessert*
la gola (sing.)	*gluttony*
l(o)'ingrediente	*ingredient*
l(a)'insalata	*salad*
la minestra; la zuppa	*soup*
il panino; il sandwich	*sandwich*
la pastasciutta	*pasta course*
il pasto	*meal*
il piatto	*dish; course (of a meal)*
il pranzo	*lunch*
la portata	*course*
la porzione	*portion*
la ricetta	*recipe*

Vi piace la minestra di lenticchie?	*Do you like lentil soup?*
A pranzo mangiano solo un panino.	*They only have a sandwich for lunch.*

ESERCIZIO
8·12

Match each noun on the left with its complementary qualifier among those listed on the right.

1. il cuoco conosce _____   a. mozzarella, basilico e pomodoro

2. il panino di _____   b. pastasciutta

3. la minestra di _____   c. verdura

4. la porzione di _____   d. i segreti di un grande chef

5. la ricetta del _____   e. dolce della nonna

Cooking

andare a male; guastarsi	*to spoil; to go bad*
aver(e) fame	*to be hungry*
aver(e) sete	*to be thirsty*

bastare; essercene abbastanza	*to be enough*
bere	*to drink*
(far) bollire	*to boil*
condire	*to dress (food)*
cucinare; preparare; cuocere	*to cook*
(fare) cuocere al forno	*to bake*
far da mangiare	*to prepare a meal; to cook*
fare il caffè / il tè	*to brew/make coffee/tea*
finire; esaurire	*to run out*
(far) friggere	*to fry*
grigliare; cuocere alla griglia	*to grill*
mangiare	*to eat*
(far) [ri]scaldare	*to warm up*
scongelare	*to thaw; to defrost*
servire	*to serve*
tagliare	*to cut*

Il pesce si è guastato.	*The fish has gone bad.*
Abbiamo finito il burro.	*We've run out of butter.*

ESERCIZIO
8·13

In the following sentences the beginning of each sentence has been mixed up with the end of another sentence. Take them apart and put them back together so that each sentence makes sense.

1. Fanno bollire il pesce alla griglia.

_____

2. Ho fatto friggere per venti persone.

_____

3. La mamma ha fatto da mangiare le patate.

_____

4. Mia nipote mi aiuta a pelare le zucchine.

_____

5. Renato ha fatto il latte.

_____

Kitchenware

l(o)'apriscatole, gli apriscatole	*can opener*
il cavatappi, i cavatappi	*corkscrew*
il colapasta, i colapasta; lo scolapasta, gli scolapasta	*colander*
il coperchio	*lid*
l(a)'immondizia	*garbage*

l(a)'insalatiera	*bowl*
il macinacaffè, i macinacaffè	*coffee grinder*
il mestolo	*ladle*
la padella	*pan*
la pentola	*pot*
le stoviglie (pl.)	*kitchenware (dishes, pots and pans, silverware, glasses, etc.)*
il tagliere	*cutting board*
il tappo [da sughero]	*cork*
la teglia da forno	*baking dish*
il vassoio	*tray*

Ho buttato l'apriscatole nell'immondizia!	*I threw the can opener into the garbage!*
Il suo negozio ha delle stoviglie particolari.	*Her store has special kitchenware.*

ESERCIZIO
8·14

Complete the following sentences with one of the nouns listed below each of them.

1. Non possiamo fare il caffè perché _____ non funziona.
   a. l'apriscatole   b. il macinacaffè   c. l'insalatiera

2. Non puoi aprire la bottiglia di vino senza _____.
   a. il cavatappi   b. l'apriscatole   c. il colapasta

3. Non vuoi _____ per portare tutti quei piatti?
   a. un tagliere   b. un vassoio   c. una padella

4. Per coprire la pentola usi _____.
   a. il mestolo   b. il vassoio   c. il coperchio

Flatware, glassware, and dinnerware

il bicchiere	*glass*
il boccale	*mug*
la bottiglia	*bottle*
il coltello	*knife*
il cucchiaino	*teaspoon*
il cucchiaio	*spoon*
la forchetta	*fork*
i piatti (pl.)	*dishes; dinnerware*
il piattino	*saucer*
il piatto fondo / da minestra	*soup bowl*
il piatto piano / da pietanza	*plate; dish*
il servizio (di/da)	*set*
la tazza	*cup*
la tovaglia	*tablecloth*
la tovaglietta [all'americana]	*table/place mat*
il tovagliolo	*napkin*

Metti delle forchette da frutta in tavola.	*Put some fruit forks on the table.*
In Italia la pastasciutta si mangia nel piatto fondo.	*In Italy we use bowls for pastasciutta.*

In this unit we have encountered several words made of a noun accompanied by a qualifier introduced by the preposition **da**, which conveys the idea of something *used for/with some purpose.*

Usa il piatto **da minestra**.

*Use the **soup bowl**. → Use the bowl meant for serving soup.*

Match the following nouns on the left with their appropriate complements on the right. Then translate the compound words into English. All the words appear in this book, up to and including Unit 12.

1. abito _____   a. da barba

_____

2. bicchiere _____   b. da denti

_____

3. camera _____   c. da letto

_____

4. camicia _____   d. da notte

_____

5. crema _____   e. da sera

_____

6. servizio _____   f. da tè

_____

7. spazzolino _____   g. da vino

_____

Bread and desserts

il biscotto	*cookie*
la caramella	*candy*
il cioccolatino	*chocolate*
la crostata	*pie; tart*
il gelato	*ice cream*
il grissino	*breadstick*
la marmellata	*preserve; jam; marmalade*
il pane (sing.)	*bread*
il pane tostato (sing.) / **la fetta biscottata**	*toast*
la pasta (sing.) / **l(o)'impasto**	*dough; pasta*
la pasta / il pasticcino	*pastry*
la torta	*cake*

Mia figlia sta male perché ha mangiato
dieci paste!
Portiamo dei cioccolatini a sua madre.

*My daughter is feeling sick because she ate
ten pastries!*
Let's bring chocolates for her mother.

ESERCIZIO
8·16

Complete the following sentences.

1. Non vado più dal panettiere. Faccio _____ in casa.

2. Per il matrimonio hanno ordinato _____ alta un metro!

3. Preferisci _____ con le mele o con i mirtilli?

4. Ho fatto cinque chili di _____ di ciliege.

5. Mio figlio ha fatto indigestione perché ha mangiato troppo _____.

Meat and fish

l(o)'arrosto	*roast*
la bistecca	*steak*
la carne	*meat*
i frutti di mare (usually pl.)	*seafood; shellfish*
i gamberetti (usually pl.)	*shrimp*
il maiale	*pork*
il manzo	*beef*
il pesce	*fish*
il pollo	*chicken*
il salmone	*salmon*
la salsiccia	*sausage*
il surgelato	*frozen food product*
il tacchino	*turkey*
il tonno	*tuna*
la trota	*trout*
il vitello	*veal*

Faccio il roast beef per cena.
Non mangia i frutti di mare.

I'm doing a roast beef for dinner.
He doesn't eat shellfish.

ESERCIZIO
8·17

Match the left and right parts of the following sentences.

1. Del maiale _____
2. Il pesce puzza _____
3. Il salmone _____
4. La parola *bistecca* _____

a. è buono cotto al vapore.

b. alla griglia.

c. perché è andato a male.

d. si usa molto il tonno.

5. Nel sushi _____
    e. si usa proprio tutto.

6. Puoi cuocere la salsiccia _____
    f. viene dall'inglese *beefsteak*.

Vegetables and legumes

l(o)'aglio	*garlic*
gli asparagi (pl.)	*asparagus*
la carota	*carrot*
il cavolo	*cabbage*
la cipolla	*onion*
i fagiolini (pl.)	*string beans*
il fagiolo	*bean*
il finocchio	*fennel*
il fungo	*mushroom*
l(a)'insalata	*salad; the leafy vegetables used in a salad*
la melanzana	*eggplant*
l(a)'oliva	*olive*
la patata	*potato*
il peperone	*sweet pepper*
il pomodoro	*tomato*
i piselli (pl.)	*peas*
il sedano	*celery*
gli spinaci (pl.)	*spinach*
la verdura (collective sing.)	*vegetables*
lo zucchino	*zucchini*

Gli asparagi sono buoni in primavera.   *Asparagus are good in spring.*
Le cipolle fanno piangere quando le tagli.   *Onions make you cry when you cut them.*

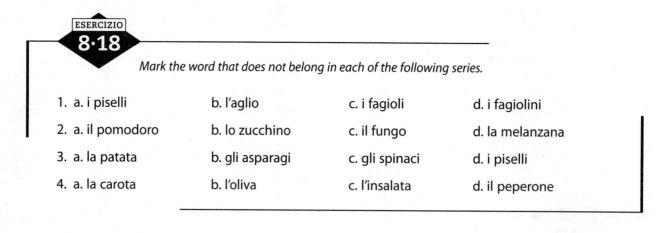

ESERCIZIO
8·18

Mark the word that does not belong in each of the following series.

1. a. i piselli   b. l'aglio   c. i fagioli   d. i fagiolini

2. a. il pomodoro   b. lo zucchino   c. il fungo   d. la melanzana

3. a. la patata   b. gli asparagi   c. gli spinaci   d. i piselli

4. a. la carota   b. l'oliva   c. l'insalata   d. il peperone

Fruit

l(a)'albicocca	*apricot*
l(a)'arancia	*orange*
la banana	*banana*
la ciliegia; le cilieg(i)e	*cherry*
la fragola	*strawberry*
il frutto / la frutta (collective sing.)	*fruit*

il limone	lemon
la mela	apple
il melone	canteloupe
i mirtilli (usually pl.)	blueberries
la pera	pear
la pesca	peach
il pompelmo	grapefruit
l(a)'uva (collective sing.)	grape(s)

L'uva va bene nella macedonia. Grapes are good in a fruit salad.
Adoro le fragoline di bosco. I love wild strawberries.

ESERCIZIO
8·19

Complete the following sentences by choosing from the words listed after each sentence.

1. Le _____ sono buone in primavera.
   a. fragole   b. limoni   c. uva

2. Il _____ non è molto dolce.
   a. pesca   b. pompelmo   c. pera

3. La _____ è una frutta che cresce nei paesi caldi.
   a. banana   b. pesca   c. mela

4. L'_____ e il _____ sono degli agrumi.
   a. uva; melone   b. arancia; limone   c. albicocca; mirtilli

Products from the grocery store and the deli

l(o)'aceto	vinegar
il burro	butter
il cibo in scatola	canned food
la farina	flour
il formaggio	cheese
il latte	milk
la maionese	mayonnaise
l(o)'olio	oil
le patatine [fritte] (pl.)	chips
i [pomodori] pelati (pl.)	peeled tomatoes
il pepe	pepper
il prosciutto (crudo o cotto)	(cured or baked) ham
il riso	rice
il sale	salt
la senape	mustard
i sottaceti (pl.)	pickled vegetables
l(o)'uovo, le uova	egg
lo zucchero	sugar

Piero, smetti di ingozzarti di patatine fritte. Piero, stop binging on chips.
Faccio la panna montata. I'll make whipped cream.

Match the first half of the sentences listed on the left to the appropriate conclusion among those listed on the right.

1. Il sugo si fa _____

2. Il cibo in scatola _____

3. Luciana fa _____

4. Metti la senape _____

5. Ti piace il prosciutto _____

a. crudo o quello cotto?

b. è comodo in campeggio.

c. la maionese a mano.

d. con i pelati.

e. sugli hot dog.

Beverages

l(a)'acqua minerale	*mineral water*
la bevanda gassata	*soda*
la bibita	*beverage; drink*
la birra	*beer*
il caffè; l'espresso	*coffee*
la cioccolata calda	*hot chocolate*
il liquore / la bevanda alcolica	*spirit/liqueur; alcoholic drink*
la spremuta (di) / il succo (di)	*juice*
il tè / la tisana	*tea*
il vino	*wine*

Vuole acqua minerale naturale o gassata?	*Would you like natural or sparkling mineral water?*

Complete the following sentences.

1. Con il pesce si beve il _____ bianco; con l'arrosto va meglio il _____ rosso.

2. Dopo cena perché non servi un _____ invece del caffè o del tè?

3. La coca cola è una _____ gassata.

4. Mia madre fa la _____ di arance fresca ogni mattina.

Describing food

commestibile	*edible*
da asporto	*takeout*
dolce	*sweet*
fresco	*fresh*

integrale	*whole wheat*
macinato	*ground*
mangiabile	*edible; acceptable, but not great*
marcio	*rotten*
maturo	*ripe*
salato	*savory; salty*
secco	*dry*

ESERCIZIO

8·22

Replace the phrases in paretheses in each sentence with the appropriate qualifier.

1. il caffè (pronto per essere messo nella caffettiera) _____

2. l'acqua (dove metti a cuocere la pasta) (che sa troppo di sale) _____

3. la pizza (che compri dal pizzaiolo e mangi a casa) _____ _____

4. il pane (fatto con la farina non raffinata) _____

5. una bistecca (non male, ma niente di speciale) _____

Transportation, traffic, and travel

Italians can travel by car, bus, taxi, train, and airplane—not to mention walking and biking. Despite all these means of transportation, congestion on urban and suburban roads and on highways is the normal state of affairs. When air pollution reaches dangerously high levels, public authorities in large cities forbid the use of private cars.

Italians are usually good drivers, but they love speeding, even in urban traffic. More and more ecologically minded people bike in heavy traffic, showing determination and courage.

l(o)'autobus, gli autobus; il bus, i bus	*bus*
l(o, a)'autostoppista	*hitchhiker*
la bici[cletta]; le bici[clette]	*bicycle*
il biglietto	*ticket*
il, la ciclista	*biker; cyclist*
la fermata [dell'autobus / del tram / della metropolitana]	*(bus/streetcar/subway) stop*
l(o)'ingorgo	*gridlock; traffic jam*
il marciapiede	*sidewalk*
la metropolitana / il, la metro, i metro	*subway*
il mezzo [di trasporto] pubblico	*public means of transportation*
la moto[cicletta], le moto[ciclette]	*motorcycle*
il, la motociclista	*motorcyle rider*
il motorino; lo scooter	*moped; scooter*
l(o)'ora di punta	*rush hour*
il passaggio	*ride*
il, la passante	*passerby*
il pedone (m. and f.)	*pedestrian*
il, la pendolare	*commuter*
le strisce pedonali; le zebre (pl.)	*crosswalk*
il taxi, i taxi; il tassì, i tassì	*taxi*
il traffico	*traffic*
il tram[way], i tram[way]	*streetcar*
Mi dai un passaggio, per favore?	*Could you give me a ride, please?*
Dov'è la fermata del metro?	*Where's the subway stop?*

Complete the following sentences choosing from the words listed above.

1. Bisogna comprare il _____ del tram prima di salire a bordo.

2. Diamo un passaggio a quell'_____?

3. I marciapiedi sono riservati ai _____.

4. I pedoni hanno il diritto di precedenza sulle _____ _____.

5. Lavora lontano da casa. Fa il _____ da vent'anni.

Italian uses the construction **in** + *noun* (*by* + *noun*) to convey the means of transportation we are using. When we add a qualifier, we use the construction **con** + *article* + *noun* (*with* + *article* + *noun*).

Vado a lavorare in autobus.	*I go to work by bus.*
Arrivo con il treno delle 8.	*I will arrive with the 8 A.M. train.*

But we say: **andare a piedi**, *to go on foot*; **andare a cavallo**, *to go horseback riding*.

Add the appropriate construction conveying the means of transportation to the following sentences. The means used is indicated in parentheses after each sentence.

1. A me piace andare _____ _____ non _____ _____. (macchina; aereo)

2. Andate in giro _____ _____ _____ di suo fratello? (moto)

3. Arrivo domani sera _____ _____ delle 18. (aereo)

4. Mia madre va in centro _____ _____ tutti i pomeriggi. (tram)

5. Vai a scuola _____ _____? (piedi)

6. Vengo da tuo fratello _____ _____. (bici)

In Unit 9 we will encounter several words composed of a noun and an adjective, as are **mezzo pubblico** (*public means of transportation*), **effetti personali** (*personal belongings*), and **stazione ferroviaria** (*railway/train station*). In some compound nouns the adjective precedes the noun; in others it follows it: **il grande magazzino** (*department store*), **il vicolo cieco** (*blind alley*). The word order either can't be inverted or changes the meaning completely when it is inverted: **il magazzino grande** means *large warehouse*.

Match each of the following nouns with its appropriate qualifier listed on the right.

1. l'acqua _____   a. adottivo

2. l'alta _____   b. educazione

3. l'aria _____   c. igienica

4. la buona _____   d. minerale

5. la carta _____   e. moda

6. le cattive _____   f. stradale

7. il figlio _____   g. unita

8. il genere _____   h. soccorso

9. la mezza _____   i. umano

10. il pronto _____   j. mobile

11. la scala _____   k. maniere

12. il segnale _____   l. età

13. la tinta _____   m. condizionata

Getting around

andare in bici[cletta]	to bike
andare in moto[cicletta]	to ride a motorcycle
camminare (aux. **avere**)	to walk
convalidare/obliterare il biglietto	to validate/stamp one's ticket
fare il pendolare	to commute
fare la coda; essere in coda	to be in line
investire; prendere sotto	to hit; to run over
noleggiare una macchina; prendere una macchina a noleggio	to rent a car
passare (aux. **essere** in this context)	to go/come/stop by
prendere; usare	to ride/take (a means of transportation)
salire (su)	to get on
scendere (da)	to get off

L'autobus passa ogni dieci minuti.   *The bus comes by every ten minutes.*
Signore, si metta in coda!   *Sir, get in line!*

In the following sentences replace the words in parentheses with one of the verbs listed above.

1. Una lunga fila di persone (aspetta) _____ _____ _____ di comprare il biglietto per la partita di calcio.

2. Luigi (va a piedi) _____.

3. Mio marito ed io (prendiamo) _____ una macchina alla Hertz.

4. Mio fratello (guida un'ora e mezza ogni giorno per andare e venire dal lavoro) _____ _____ _____ _____.

5. Una persona che sale su un mezzo pubblico deve (usare una macchinetta che stampa la data e l'ora sul biglietto) _____ _____ _____.

Describing urban transportation

entrata	*entrance; in*
fermata prenotata	*stop requested*
giù; discesa	*off*
guasto	*broken; out of order*
in direzione + *name of destination*	*bound/headed for*
metropolitano	*metropolitan*
su; salita	*on*
suburbano	*suburban*
urbano	*urban*
uscita	*exit; out*
valido (fino a)	*valid (until)*

Il biglietto del treno è valido per tre mesi.	*The train ticket is valid for three months.*
Prenda l'autobus in direzione Colosseo.	*Take the bus bound for the Coliseum.*

Choose the word or phrase that best fits the description.

1. Gli autobus suburbani ti portano _____.
   a. fuori città   b. in centro città   c. alla stazione

2. Quando il segnale «fermata prenotata» è acceso vuol dire che _____.
   a. il conducente non si fermerà alla prossima fermata   b. il conducente si fermerà alla prossima fermata   c. l'autobus è guasto

3. Quando vedi la parola «uscita» sulla porta di un autobus vuol dire che puoi _____.
   a. sederti   b. usarla per salire   c. usarla per scendere

4. Se vuoi prendere la metropolitana devi cercare il segnale che dice _____
   a. uscita   b. entrata   c. salita

We can add a qualifier to a noun by adding another noun preceded by the preposition **di**.

la carta dei vini	*wine list*
la cartina del bancomat	*ATM/debit card*
la lista di attesa	*waiting list*
il negozio di casalinghi	*housewares store*

Some of these phrases can be reduced to just one of their components when the context is unambiguous.

la cartina del bancomat → il bancomat, i bancomat	*debit card*
il distributore di benzina → il distributore, i distributori	*gas station*

ESERCIZIO 9·6

*Match the following nouns with the qualifiers introduced by **di** listed on the right. Some words are listed in the remainder of this chapter or in other units in the book.*

1. la carta _____
2. la cintura _____
3. la città _____
4. il divieto _____
5. il limite _____
6. la lista _____
7. l'ora _____
8. la scialuppa _____
9. la società _____

a. d(i)'arte
b. d(i)'imbarco
c. di sicurezza
d. di salvataggio
e. di sorpasso
f. di velocità
g. dei consumi
h. di punta
i. d(i)'attesa

Cars and drivers

l(a)'automobile	*automobile*
l(o, a)'automobilista; il guidatore / la guidatrice	*(car) driver*
la benzina	*gasoline*
il camion	*truck*
il furgone	*van*
la gomma a terra	*flat tire*
la macchina	*car*
il motore	*engine; motor*

l(o)'officina [meccanica]; l(a)'auto officina, le auto officine; il meccanico	*repair garage; mechanic (mechanic's shop)*
la patente [di guida]	*driver's license*
la polizza d(i)'assicurazione	*insurance policy*
la scuola guida, le scuole guida	*driving school*
la targa [della macchina]	*license plate*
il TIR, i TIR; il camion a rimorchio	*eighteen-wheeler; tractor-trailer*
l(a)'utilitaria	*economy car*

Hai portato la macchina dal meccanico?	*Did you take the car to the repair garage?*
Va a scuola guida per prendere la patente.	*She's going to driving school to get her driver's license.*

ESERCIZIO
9·7

Complete the following sentences by choosing from the words listed after each of them.

1. La macchina si è fermata perché siamo rimasti senza _____.
   a. polizza   b. benzina   c. patente
      di assicurazione

2. Non devi guidare se non hai _____.
   a. la macchina   b. la patente   c. la gomma a terra

3. Quando la macchina è rotta, bisogna portarla _____.
   a. dal benzinaio   b. alla scuola guida   c. dal meccanico

4. Vai a scuola guida per _____.
   a. prendere la patente   b. comprare una   c. riparare la gomma
                               polizza

Driving

accelerare (aux. **avere**)	*to accelerate; to speed up*
cambiare [la marcia]	*to shift gear*
fare benzina; fare il pieno (di benzina)	*to get gas; to fill up (the gas tank)*
fare marcia indietro; fare retromarcia	*to reverse*
fermare; fermarsi	*to stop*
frenare (aux. **avere**)	*to brake*
girare (aux. **avere**); svoltare (aux. **avere**)	*to turn*
guidare (aux. **avere**)	*to drive*
parcheggiare	*to park*
passare da/per (aux. **essere** in this context)	*to pass/drive through*
rallentare	*to slow down*
sorpassare; passare (aux. **avere** in this context); superare	*to pass; to overtake*

Può farmi il pieno, per favore?	*Can you fill the tank, please?*
Passerò per Roma.	*I'll drive through Rome.*

Match each of the partial sentences on the left with the appropriate conclusion from those listed on the right.

1. Ho solo 5 euro: _____   a. come facciamo a fare benzina?

2. La macchina davanti a noi va piano, _____   b. frena.

3. Per andare a Roma _____   c. non posso fare il pieno.

4. Se tutti i benzinai sono chiusi, _____   d. perché non la sorpassi?

5. Se vuoi fermare la macchina, _____   e. siamo passati da Bologna.

Roads

il casello	*tollbooth*
la curva	*curve*
l(o)'incrocio	*crossing; intersection*
il pedaggio	*toll*
il ponte	*bridge*
la strada	*road*
la superstrada; l(a)'autostrada (a toll road)	*highway*
il tunnel; la galleria	*tunnel*
il viadotto	*viaduct*

Con la ViaCard non devi fermarti al casello.	*With the Easy Pass you don't have to stop at the tollbooth.*
Prendiamo l'autostrada per fare in fretta.	*Let's take the highway to speed things up.*

Complete the following sentences by choosing from the options listed below.

1. Fermati al prossimo _____. Non so se dobbiamo girare a destra o a sinistra.
    a. incrocio   b. casello   c. ponte

2. Le bici e le moto poco potenti non possono andare _____.
    a. sul ponte   b. in autostrada   c. sul viadotto

3. Non puoi sorpassare _____.
    a. sulla strada   b. in autostrada   c. in curva

4. Si paga sempre il pedaggio _____.
    a. su una strada   b. nel tunnel   c. in autostrada

Road signs

la deviazione	*detour*
la direzione	*direction*
il diritto di precedenza	*right of way*
il divieto di parcheggio	*no parking*
il divieto di sorpasso	*no passing zone*
l(o)'incidente	*accident*
l(a)'indicazione; il segnale stradale	*road sign*
i lavori in corso (pl.)	*roadwork*
il limite di velocità	*speed limit*
la mappa; la cartina	*map*
la multa	*ticket; fine*
il parcheggio	*parking; parking place*
il parchimetro	*parking meter*
il semaforo	*traffic light*
lo stop	*stop (sign)*
la velocità	*speed*
il vigile (m. and f.)	*traffic officer*

Questa strada ha il diritto di precedenza.	*This street has the right of way.*
C'è il divieto di sorpasso in questo tratto.	*There's no passing on this stretch of road.*

ESERCIZIO

9·10

In each of the following series, mark the word that does not belong.

1. a. l'ora di punta   b. l'ingorgo   c. il traffico   d. la multa

2. a. il segnale stradale   b. il parchimetro   c. il semaforo   d. lo stop

3. a. la cartina   b. la multa   c. il vigile   d. il divieto di parcheggio

4. a. la cartina   b. l'indicazione   c. la direzione   d. il parcheggio

---

Giving directions

a destra; alla tua/sua/vostra destra	*at/on/to the right; at/on/to your right*
a sinistra; alla tua/sua/vostra sinistra	*at/on/to the left; at/on/to your left*
(in) avanti	*forward*
da nessuna parte	*nowhere*
da qualche parte	*somewhere*
da quella parte	*that way*
da questa parte	*this way*
dappertutto	*everywhere*
(strada a) doppio senso	*two-way (street)*
(sempre) dritto	*straight (ahead)*
indietro	*back*
più avanti	*ahead; further ahead*
(strada a) senso unico	*one-way (street)*

(di) sopra	*above; over*
(di) sotto	*under; below; beneath*

Questa strada porterà pure da qualche parte!	*This road will go somewhere!*
Il camion non passa sotto il ponte.	*That truck can't clear the bridge.*

ESERCIZIO
9·11

Complete the following sentences by choosing from the qualifiers listed above.

1. In Italia la guida è _____, come negli Stati Uniti, mentre in Gran Bretagna
   è _____.

2. Se non giri mai il volante la macchina va sempre _____.

3. Una strada che finisce in mezzo a un prato non
   porta _____ _____ _____.

4. Una strada che puoi prendere in due direzioni
   è _____ _____ _____.

5. Una strada che puoi prendere solo in una direzione
   è _____ _____ _____.

Travel

l(a)'agenzia di viaggio	*travel agency*
l(o)'arrivo	*arrival*
la biglietteria	*ticket counter*
la coincidenza	*connection*
il controllo passaporti	*passport control*
la dogana	*customs*
gli effetti personali (pl.)	*personal belongings*
l(o)'orario	*schedule; timetable*
la partenza	*departure*
il passeggero	*passenger*
il posto; il sedile	*seat*
la prenotazione	*reservation*
il rimborso	*refund*
il ritardo	*delay*
la stazione	*station*
la tariffa	*fare*
l(o)'ufficio oggetti smarriti	*lost and found*
il viaggiatore / la viaggiatrice	*traveler*
il viaggio	*journey; trip*
il visto	*visa*

Il volo ha tre ore di ritardo.	*The flight has a three-hour delay.*
Vorrei un posto vicino al finestrino.	*I'd like a window seat.*

Answer yes (Y) or no (N) to the following questions.

1. Hai bisogno della prenotazione per prendere il tram? _____

2. Il visto serve per entrare in un paese straniero? _____

3. L'arrivo precede la partenza? _____

4. Si comprano i panini alla biglietteria? _____

5. Sei in viaggio se stai andando da Parigi a Helsinki? _____

Verbs

allacciare	*to fasten*
andare	*to go*
annullare; cancellare	*to cancel*
arrivare	*to arrive*
atterrare (aux. **avere**)	*to land*
aver(e) fretta	*to be in a hurry*
confermare	*to confirm*
decollare (aux. **avere/essere**)	*to take off*
disfare le valigie	*to unpack*
fare in fretta; sbrigarsi	*to hurry up; to haste*
fare le valigie	*to pack (one's suitcases)*
imbarcare il bagaglio	*to check luggage*
imbarcarsi	*to board*
partire (per)	*to leave (for)*
passare da/per (aux. **essere** in this context)	*to go/fly/pass through*
perdere	*to miss*
prendere	*to catch; to take*
rimandare	*to postpone; to put off*
rimanere; restare	*to remain*
(ri)tornare; rientrare	*to return; to come back*
venire	*to come*
viaggiare (aux. **avere**); andare (a/in)	*to travel; to go (to)*
volare (aux. **avere/essere**)	*to fly*
volerci (aux. **essere**); metterci (aux. **avere**)	*to take (time)*

(Note that **volerci** takes as its subject the period of time needed to perform an action, whereas **metterci** is coordinated with the person performing the action.)

Ci sono volute tre ore per arrivare da te.	*It took three hours to get to your place.*
Ci ho messo tre mesi per arrivare a casa.	*It took me three months to get home.*

In the following sentences, substitute the words in parentheses with the appropriate verb from those listed above.

1. Hanno (spostato la data della) _____ partenza.

2. L'aereo (si è alzato in volo) _____ _____.

3. Ho deciso di (far caricare le valigie sull'aereo) _____ _____ _____.

4. (Non sono riuscito a prendere) _____ _____ l'aereo perché sono arrivato all'aeroporto in ritardo.

5. Quante ore di viaggio (sono necessarie) _____ _____ per andare da Parigi ad Amsterdam?

6. Roberto (ha impiegato) _____ _____ _____ due giorni per andare da Milano ad Amburgo.

Air travel

l(o)'aeroplano; l'aereo, gli aerei	*airplane; plane*
l(o)'aeroporto	*airport*
l(o, a)'assistente di volo	*flight attendant*
il bagaglio a mano	*carry-on (luggage)*
il biglietto elettronico	*e-ticket*
la carta d(i)'imbarco	*boarding pass*
la cintura di sicurezza	*seat belt*
la classe turistica	*economy class*
il comandante (m. and f.)	*captain*
il corridoio	*aisle*
il duty free	*duty-free shop*
l(o)'equipaggio	*crew*
la fila	*row*
il finestrino	*window*
il jet lag	*jet lag*
il metal detector	*metal detector*
il pilota (m. and f.)	*pilot*
la porta d'imbarco; l(a)'uscita	*boarding gate*
la procedura d'imbarco / il check-in	*check-in*
il terminal	*terminal*
i trasporti a terra (pl.)	*ground transportation*
il volo	*flight*
la zona; l(a)'area recupero bagagli / il ritiro bagagli	*baggage claim area*

Può portare dieci chili nel bagaglio a mano.   *You can carry ten kilos as carry-on luggage.*
Per il volo da Parigi, andate al carosello n. 3.   *For the Paris flight, go to carousel no. 3.*

Replace the words in parentheses in each sentence with one of the nouns listed above.

1. Come (valigia da portare sull'aereo) _____ _____ _____ quella borsa è troppo grande.

2. Dove devo andare per prendere (gli autobus o i taxi che portano dall'aeroporto in città) _____ _____ _____?

3. Gentili passeggeri, (l'aereo) _____ che state aspettando ha mezz'ora di ritardo.

4. (La persona che guida questo aereo) _____ ha un messaggio per i passeggeri.

5. Preferisco il sedile vicino al(la parete esterna dell'aereo) _____.

6. Se ha un (documento di viaggio stampato con il computer) _____ _____, può fare il check-in da solo.

7. Su questa linea aerea, (le persone che fanno il servizio a bordo) _____ _____ _____ _____ sono molto competenti.

By rail

In the early 1970s the French railway system introduced **i treni ad alta velocità** (*high-speed trains*). They have made transportation by rail in Europe competitive with air travel, even though low-cost flights are on the offensive. You can now fly from London to Rome for 20 or 30 euros one way.

la banchina	*platform*
la barca	*boat*
il bigliettaio; il capotreno (m. and f.), **i capitreno, i capotreni**	*conductor*
il binario	*track*
la cabina	*cabin*
il faro	*lighthouse*
la ferrovia	*railway; railroad*
il mal di mare	*seasickness*
la nave	*ship*
il porto	*port; harbor*
la scialuppa di salvataggio	*lifeboat*
la stazione [ferroviaria / dei treni]	*railway station*
il treno	*train*
il treno ad alta velocità (la TAV, sing.)	*high-speed train*
il vagone	*railcar*

L'Eurostar per Parigi parte dal binario 3.	*The Eurostar train for Paris will leave from track no. 3.*
Abbiamo solo tre scialuppe di salvataggio.	*We only have three lifeboats.*

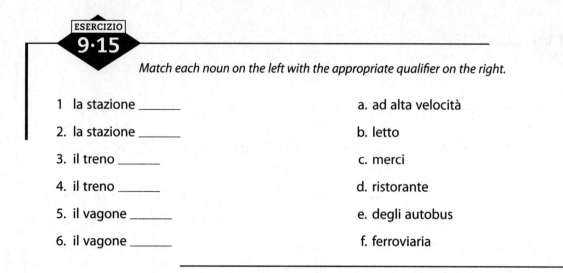

Match each noun on the left with the appropriate qualifier on the right.

1 la stazione _____   a. ad alta velocità

2. la stazione _____   b. letto

3. il treno _____   c. merci

4. il treno _____   d. ristorante

5. il vagone _____   e. degli autobus

6. il vagone _____   f. ferroviaria

Describing travel

a bordo	*aboard; onboard*
a terra	*on the ground*
(il biglietto di) andata e ritorno	*round-trip (ticket)*
appena in tempo	*just in time*
dopo	*afterward*
fermo	*still; stopped*
in fretta	*in a hurry; fast*
in orario	*on time*
in tempo	*in time*
lento; lentamente; piano; adagio	*slow; slowly*
presto; in anticipo	*early*
presto; tra poco	*soon*
prima	*before*
(il biglietto di) sola andata	*one-way (ticket)*
tardi; in ritardo	*late*
veloce; velocemente; forte (speed)	*fast*
via	*via*

Vai piano, non si vede niente!   *Slow down, you can't see a thing!*
Ho fatto in fretta, ma ho perso il treno.   *I hurried up, but I missed the train.*
Sei arrivata appena in tempo.   *You arrived just in time.*

Find the antonym or the complementary expression for the words listed below.

1. a bordo _____ _____

2. di sola andata _____ _____ _____

3. forte _____

4. in anticipo _____ _____

5. tardi _____

6. veloce _____

Comparatives and superlatives are often used when talking about time, being early, and being late. **Meno di/che** and **più di/che** translate as *more than* and *less than*. In Italian only a few adjectives can take a modified form when we use them as comparatives.

buono	*good*	**migliore, più buono**	*better*
cattivo	*bad*	**peggiore, più cattivo**	*worse*
grande	*big; large; great*	**maggiore, più grande**	*greater; major*
piccolo	*small*	**minore, più piccolo**	*smaller; minor*

Preceded by the article, comparatives convey the top ranking in a series.

Mario è il miglior calciatore della squadra.	*Mario is the best player on the team.*
Nicoletta è la più piccola delle sorelle.	*Nicoletta is the youngest of the sisters.*

Italian does modify qualifiers to form absolute superlatives, or adds other qualifying words such as **molto, assai, parecchio** (*much; a lot*).

buono	*good*	**buonissimo; ottimo; molto buono**	*best; very good*
cattivo	*bad*	**cattivissimo; pessimo; molto cattivo**	*worst; very bad*
grande	*big; large; great*	**grandissimo; massimo; molto grande**	*greatest; very great/huge*
piccolo	*small*	**piccolissimo; minimo; molto piccolo**	*smallest; very small/tiny*
presto	*early; soon*	**prestissimo; molto presto**	*very early*
veloce	*fast*	**velocissimo; molto/assai veloce**	*very fast*

Translate the following sentences.

1. Dario è il figlio più grande.

   _____

2. Dario ha due anni più di Gianni.

   _____

3. Hanno comprato un'automobile di seconda mano a un prezzo bassissimo.

   _____

4. Il sedile vicino al finestrino è meno scomodo del sedile vicino al corridoio.

   _____

5. La Cinquecento era un'automobile piccolissimo, ma molto divertente.

   _____

6. La Ferrari è più veloce della Mercedes.

   _____

7. Sull'autostrada in Germania puoi andare fortissimo.

   _____

8. Vincenzo ha fatto un ottimo viaggio in Patagonia.

   _____

Tourism

Despite high prices, Italy remains a favorite tourist destination, thanks to its climate, its cuisine, and its artistic heritage, as reflected in our calling Italian cities and towns **città d'arte** (*cities of art*). Some smaller cities, Venice and Florence in particular, are so overwhelmed by visitors that locals now see their presence as a blessing and a curse at the same time. But revenues from tourism are an essential component of the Italian GDP.

le antichità (pl.)	*antiquities*
il castello	*castle*
il cicerone (m. and f.) / **la guida [turistica]** (m. and f.)	*tour guide*
il fine settimana, i fine settimana; il weekend	*weekend*
la guida (turistica dell'Italia / della Francia, etc.)	*guidebook (of Italy/France, etc.)*
l(a)'informazione; le informazioni	*(piece of) information; information*
l(o)'operatore turistico / l(a)'operatrice turistica	*tour operator*
il paesaggio	*landscape*
il panorama, i panorama	*panorama*
il passeggero	*passenger*
il turismo	*tourism*
il, la turista	*tourist*
la vacanza (used more often in the plural, **le vacanze**)	*vacation*
il viaggio organizzato	*package tour*
il villaggio turistico	*all-inclusive vacation resort*
Chiediamo all'ufficio informazioni!	*Let's ask the tourist information office!*

Complete the following sentences by choosing from the options given after each of them.

1. Abbiamo visto un _____ con dieci torri.
    a. panorama   b. castello   c. turismo

2. L'Italia ha dei bellissimi _____.
    a. turisti   b. guide   c. panorami

3. Nei _____ del Club Med si possono fare tante attività divertenti.
    a. villaggi turistici   b. viaggi organizzati   c. fine settimana

4. Siamo andati in Russia con un _____.
    a. villaggio turistico   b. viaggio organizzato   c. paesaggio

The active tourist

Here follow verbs we use frequently when talking about tourism and vacations. Several of them are used in set phrases, with the addition of a direct object or a complement. As you will see, the verbs **fare** and **andare** (+ **a** when followed by a verb in the infinitive) appear frequently.

abbronzarsi; prendere la tintarella	*to get a tan*
andare a cavallo	*to go horseback riding*
andare a fare il bagno; fare il bagno	*to go swimming*
andare in crociera	*to go on a cruise*
andare in gita	*to go on an excursion; to go hiking*
andare in vacanza	*to go on vacation*
arrampicare (aux. avere); **fare alpinismo**	*to climb; to go climbing*
campeggiare (aux. avere); **andare in campeggio**	*to camp; to go camping*
essere da solo; essere in due/tre, etc.	*to be by oneself; to be a party of two/three, etc.*
fare del turismo	*to go sightseeing*
fare il ponte	*to make a long weekend of it; to take a long weekend*
fare sub	*to go scuba diving*
fare un giro	*to take a tour; to walk around*
fare una passeggiata	*to take a stroll; to go for a walk*
girare; visitare	*to tour*
lasciare la camera	*to check out*
nuotare (aux. avere)	*to swim*
pagare/saldare il conto	*to pay the bill*
passare il tempo (aux. avere); **passare le vacanze** (aux. avere)	*to spend time; to spend one's vacation*
prendere possesso della camera	*to check in*
vedere; visitare	*to see; to visit*

I tuoi fratelli sono andati a nuotare.	*Your brothers went swimming.*
Andiamo in gita domani?	*Shall we go hiking tomorrow?*
Fa alpinismo da quando aveva dieci anni.	*She's been climbing since we was ten.*

Match each verb on the left with the appropriate complementary object and/or qualifier on the right. Translate the combined expression into English.

1. andare _____   a. del turismo

_____

2. andare _____   b. il tempo

_____

3. essere _____   c. in campeggio

_____

4. fare _____   d. in sei

_____

5. fare _____   e. il conto

_____

6. passare _____   f. il ponte

_____

7. prendere _____   g. in crociera

_____

8. saldare _____   h. la tintarella

_____

Accommodations

l(o)'albergo	*hotel*
l(a)'albergatore / l(a)'albergatrice	*hotel manager; hotel owner*
il bed & breakfast	*bed and breakfast*
la camera	*room*
la cameriera (hotel maid, usually female)	*maid*
il concierge	*receptionist; concierge*
il deposito; la caparra	*deposit*
l(o)'ostello [della gioventù]	*youth hostel*
la pensione	*inn; family-run hotel*
la reception	*front desk; reception desk*
il servizio in camera	*room service*
la sistemazione	*accommodation*

Siamo stati in un albergo a cinque stelle.	*We stayed in a five-star hotel.*
Da giovane stavo negli ostelli.	*When I was young, I stayed in youth hostels.*

*Complete the following sentences. Use the prepositions listed in parentheses. When a definite article is required, remember to turn the **preposition** + **article** into one word. Omit the underlined words.*

1. Hai dato la mancia _____ _____ che ci fa la camera? (a)

2. È ora di partire. Hai saldato il conto con _____ <u>dell'albergo</u>? (feminine)

3. La colazione nel nostro _____ _____ _____ era deliziosa e molto abbondante.

4. Possiamo domandare _____ _____ l'indirizzo di un buon ristorante. (a)

5. Hai prenotato l'albergo? A Natale, è difficile trovare una _____ a Parigi.

Eating out

il bar	*bar*
il, la barista, i baristi	*bartender*
il caffè, i caffè	*café*
il cameriere / la cameriera	*waiter/waitress; server*
la carta dei vini	*wine list*
il coperto	*cover charge*
il cuoco (m. and f.); **lo chef** (m. and f.)	*cook; chef*
la mancia	*tip*
il menù	*menu*
la paninoteca	*sandwich place*
il ristorante	*restaurant*
il self-service	*self-service/cafeteria-style restaurant*
la trattoria	*neighborhood restaurant*

Andiamo al bar a prendere un caffè? *Shall we go get a coffee?*
Lascia un po' di mancia alla cameriera. *Leave a small tip for the waitress.*

Complete the following sentences.

1. Dalla torre del castello si gode un magnifico _____.

2. Ho prenotato per sei nel _____ in cima alla torre del castello.

3. Lo _____ di quel ristorante ha ricevuto tre stelle dalla guida Michelin.

4. In quell'albergo, le _____ sono splendide, ma il ristorante vale poco.

5. A pranzo mangiamo un panino in una _____, e alla sera andiamo al _____.

Describing your destination

al completo	*no vacancy*
al lago	*at the lake*
al mare	*at the sea*
disponibile	*available; vacancies*
(la camera) doppia/matrimoniale	*double (room)*
esotico	*exotic*
in campagna	*in the country(side)*
in collina	*in the hills; on the hill*
in montagna	*in the mountains*
in spiaggia	*at the beach*
pittoresco	*picturesque*
(la camera) singola	*single (room)*
tipico	*typical*
turistico	*touristic*
tutto incluso	*inclusive (of all expenses/charges)*

Ha bisogno di una singola o una doppia?	*Do you need a single or a double room?*
Andiamo in spiaggia!	*Let's go to the beach!*

ESERCIZIO
10·5

You're speaking to an Italian travel agent about a two-week trip to Tuscany with your wife and two daughters. You need airplane tickets and an accommodation outside Florence. Rely on Units 6 and 9 for words regarding purchases and travel.

Agente: «Qui è l'agenzia Nuovi viaggi. Mi chiamo Carla. Come posso aiutarla»?

Turista: «Le telefono dagli Stati Uniti».

Agente: «Buongiorno, Signore. Come si chiama»?

Turista: «(1) _____ _____ Robert Brown. Vorrei (2) _____ un viaggio di due settimane in Toscana».

Agente: «Ha bisogno del (3) _____ aereo»?

Turista: «Sì per quattro (4) _____. Da Boston a Firenze. A Firenze stiamo con degli amici, ma ho bisogno di una (5) _____ fuori Firenze».

Agente: «Le consiglio una piccola (6) _____ nella campagna tra Firenze e Siena. Non è (7) _____ ed ha un ottimo (8) _____».

Turista: «Benissimo. Grazie e (9) _____ _____».

Agente: «Buon giorno a lei e (10) _____».

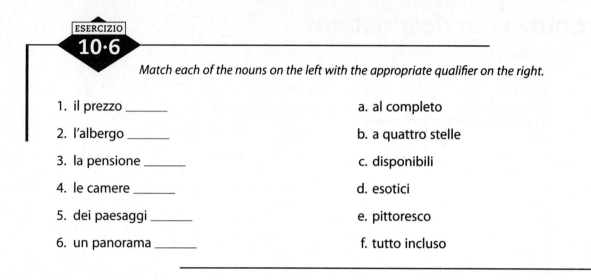

ESERCIZIO 10·6

Match each of the nouns on the left with the appropriate qualifier on the right.

1. il prezzo _____   a. al completo

2. l'albergo _____   b. a quattro stelle

3. la pensione _____   c. disponibili

4. le camere _____   d. esotici

5. dei paesaggi _____   e. pittoresco

6. un panorama _____   f. tutto incluso

Camping and natural parks

l(a)'antizanzare	mosquito repellent
il campeggiatore / la campeggiatrice	camper
il campeggio	campground; camping
il camper	camper (van)
il fuoco	campfire
il, la guardaboschi; la guardia forestale (m. and f.)	forest ranger
il parco naturale	natural park
la pila; la torcia (elettrica)	flashlight
la riserva naturale	natural reserve
la roulotte	trailer
il sacco a pelo	sleeping bag
la tenda	tent
il termos	thermos

Tiriamo su la tenda, che sta per piovere!   *Let's put up the tent, it's about to rain!*
Siete andati in campeggio?   *Did you go camping?*

ESERCIZIO 10·7

March the first part of each sentence on the left with the appopriate conclusion from those listed on the right.

1. Gli insetti mi mangeranno viva! _____   a. al guardaboschi.

2. Nel parco ho chiesto indicazioni _____   b. ci sono parecchi campeggi pubblici.

3. Lungo la Route 1 in California _____   c. Mi sono dimenticata l'antizanzare.

4. Nella riserva naturale non ci sono alberghi, _____   d. non hai il servizio in camera!

5. Se vai in campeggio, _____   e. sbrighiamoci a tirare su la tenda!

6. Sta per piovere, _____   f. solo campeggi.

At the beach

l(a)'abbronzatura; la tintarella	*tan*
il bagnino (m. and f.)	*lifeguard*
il calcetto, i calcetto; il calciobalilla, i calciobalilla	*foosball*
il costume da bagno	*bathing suit*
la crema antisolare	*sunblock (cream)*
il lungomare, i lungomare	*beachfront*
l(o)'ombrellone (da spiaggia)	*beach umbrella*
l(o)'onda	*wave*
la sabbia (sing.)	*sand*
il salvagente, i salvagente / i salvagenti	*life jacket*
lo sci d(i)'acqua (sing.)	*waterskiing*
la sedia a sdraio	*beach chair; deck chair*
la spiaggia	*beach*
lo stabilimento balneare	*beach resort*
il sub[acqueo] (m. and f.), i sub	*diver*

Il lungomare è lungo sei chilometri.   *The beachfront walkway is 6 km long.*
Ma tu giochi sempre solo a calcetto?   *Do you always only play foosball?*

ESERCIZIO
10·8

Complete the following sentences.

1. «Che bella _____ hai preso»! «Sono stata un mese al mare»!

2. Al bar dello stabilimento possiamo giocare a _____.

3. Che bella _____! Chilometri e chilometri di sabbia e pochissima gente.

4. Dopo cena, andiamo a fare una passeggiata sul _____.

5. Quando sono stato nei Caraibi, sono andato a _____ _____ a guardare i pesci.

In the mountains

l(o, a)'alpinista	*mountain climber*
la borraccia	*canteen*
la cima; la vetta	*summit*
l(o, a)'escursionista; il, la gitante	*hiker*
la gita; l(a)'escursione	*hike; excursion*
la meta; la destinazione	*destination*
la montagna	*mountain*
il pendio, i pendii / la pista [da sci]	*slope; (ski) slope*
la picozza	*ice ax*
il rifugio	*shelter*
il sacco [da montagna]	*rucksack; (back)pack*
il sentiero	*trail*

Gli alpinisti hanno raggiunto la vetta.   *The climbers reached the summit.*
Abbiamo perso il sentiero.   *We lost the trail.*

Complete the following sentences choosing from the nouns listed above.

1. Agli alpinisti piace arrivare in _____.

2. La _____ serve a portare l'acqua in gita.

3. Per portare le provviste ed i vestiti in montagna, usi il _____.

4. Le persone che vanno ad arrampicare sono _____.

5. Si usa la _____ quando si cammina sul ghiaccio.

Countries and people

Adjectives conveying nationality or ethnic origin can be turned into nouns by adding the definite article, the indefinite article, or indefinite qualifiers. Used in the singular they indicate the language in question. They are never capitalized. They mostly end in -**ano**, -**ana**, -**ani**, -**ane**, and -**ese**, -**esi**, except for words such as **britannico**, **britannici** (*British*), **greco**, **greci** (*Greek*), **turco**, **turchi** (*Turk*), **ceco**, **cechi** (*Czech*), etc.

Un americano vuole parlarti.	*An American man wants to talk to you.*
I francesi non erano d'accordo.	*The French didn't agree.*
Parlate [il] cinese?	*Do you speak Chinese?*

africano	*African*
americano	*American*
arabo; l(o)'arabo	*Arab (person); Arabic (language)*
asiatico	*Asian*
australiano	*Australian*
europeo	*European*
francese; il francese	*French; French (language)*
giapponese; il giapponese	*Japanese; Japanese (language)*
inglese; l'inglese	*English; English (language)*
norvegese; il norvegese	*Norwegian; Norwegian (language)*
portoghese; il portoghese	*Portuguese; Portuguese (language)*
russo; il russo	*Russian; Russian (language)*
spagnolo; lo spagnolo	*Spanish; Spanish (language)*
svizzero	*Swiss*
tedesco; il tedesco	*German; German (language)*

Translate the following sentences into English.

1. Conosci un brasiliano?

_____

2. I greci imparano le lingue facilmente.

_____

3. L'interprete sta traducendo dal russo al tedesco.

4. L'Unione Europea ha ventitré lingue ufficiali, incluso il maltese e lo slovacco.

5. Sono italiana, ma i miei figli sono americani.

We increasingly use names of countries and cities in the original language, **Argentina**, **Nicaragua**, **Canada**, **New York**, **Oslo**, **Buenos Aires**, etc. Names of countries and continents do not take the plural, except for **America**, **le Americhe** (*the Americas*), and **India**, **le Indie** (*the Indies*).

Berlino	*Berlin*
il Brasile	*Brazil*
la Cina	*China*
Città del Messico	*Mexico City*
l(o)'Egitto	*Egypt*
Genova	*Genoa*
Gerusalemme	*Jerusalem*
la Gran Bretagna	*Great Britain*
la Grecia	*Greece*
Londra	*London*
il Medio Oriente	*Middle East*
Milano	*Milan*
Mosca	*Moscow*
Napoli	*Naples*
la Nuova Zelanda	*New Zealand*
i Paesi Bassi (pl.); **l(a)'Olanda**	*the Netherlands; Holland*
Parigi	*Paris*
Pechino	*Beijing*
Roma	*Rome*
gli Stati Uniti (d'America); **gli USA/Usa** (pl.)	*the United States (of America); the U.S.(A.)*
Stoccolma	*Stockholm*
la Svezia	*Sweden*
Torino	*Turin*
la Turchia	*Turkey*
l(a)'Ungheria	*Hungary*
l(a)'Unione Europea; l(a)'UE	*the European Union; the EU*

Ci sono 27 paesi nell'UE.	*There are 27 countries in the EU.*
Sei mai stato negli USA?	*Have you ever been to the U.S.?*

In Unit 8 we encountered the prepositions **in/a**, which translate as *in/at/to*; **da** meaning *to/at, from*, and *through*; and **per**, *through*. When we mention names of places as our travel destination, we use the following constructions:

◆ **a; da/per** + *city name*

Sono a Parigi.	*I'm in Paris.*
Vado a Parigi.	*I'm going to Paris.*
Vengo da Parigi.	*I'm coming from Paris.*
Passo da/per Parigi.	*I'm going (driving/flying/passing) through (via) Paris.*

Note that *I'm from Paris / I'm a Parisian* translates as **sono <u>di</u> Parigi**.

◆ **in** + *country name / definite article* + *country name in the plural;* **da/per** + *definite article* + *country name*

Vado in Germania.	*I'm going to Germany.*
Sono stato in Germania.	*I was in Germany.*
Vado negli (in + gli) Stati Uniti.	*I'm going to the United States.*
Vengo dalla Francia.	*I'm coming from France.*
Passo dalla/per la Svezia.	*I'm going (driving/flying/passing) through (via) Sweden.*

Note that **vengono dalla Francia** has a range of meanings as *they come from France: they are traveling from France* or *they are French.*

ESERCIZIO
10·11

Translate the following sentences. Use the present simple or the present perfect.

1. Are you going to Jerusalem?

_____

2. When Elena goes to Russia, she'll drive through Poland.

_____

3. His wife is from Stockholm.

_____

4. Gabriella has been to Japan.

_____

5. His wife is returning from Stockholm.

_____

6. My parents will arrive from Finland tomorrow.

_____

7. She wants to go to China.

_____

8. They are traveling through the Netherlands.

_____

Speech, languages, and speakers

la capitale	capital
il dialetto	dialect
il dizionario; il vocabolario	dictionary
l(o, a)'interprete	interpreter
il lessico; il vocabolario	vocabulary
la lingua dei segni	sign language
la madre lingua; la lingua madre	mother tongue
la parola	word; speech
il popolo	population
la traduzione	translation
la tribù, le tribù	tribe
gli usi (pl.); i costumi (pl.)	customs; mores

Gli italiani parlano ancora i dialetti.	Italians still speak dialects.
Fa la traduttrice simultanea.	She's a simultanous translator.

ESERCIZIO
10·12

Translate the following sentences into English.

1. Anche negli Stati Uniti ci sono i dialetti.

_____

2. Che cosa vuol dire *autoctono*? Nel mio vocabolario non c'è.

_____

3. È bilingue. Farà la traduttrice simultanea.

_____

4. Lalla ha imparato la lingua dei segni perché suo figlio è sordomuto.

_____

5. Mia sorella ha imparato il tedesco e il russo da sola.

_____

·11· Education and technology

In Italy most children go to public school, from preschool (which is not mandatory) through university. Private institutions are often affiliated with the Catholic Church or other denominations. English is a requirement starting in elementary school and young people are encouraged to study abroad. Most of them go to another European country, thanks to the Erasmus and Socrates programs sponsored by the European Union.

l(a)'anno scolastico	*school year*
l(o)'asilo	*preschool; kindergarten*
l(o)'asilo nido, gli asili nido	*nursery school*
la classe	*class; classroom*
l(a)'istruzione (sing.)	*education*
il liceo	*high school*
la scuola elementare; le elementari (pl.)	*elementary school*
la scuola media [inferiore]; le inferiori (pl.)	*middle school*
la scuola media superiore; le superiori (pl.)	*high school*
la scuola privata	*private school*
la scuola pubblica / di stato	*public school*
la scuola tecnica/professionale	*professional/vocational school*

A Bruno non piace andare all'asilo.

Bruno doesn't like to go to kindergarten.

Aldo frequenta ancora le medie.

Aldo is still in middle school.

ESERCIZIO
11·1

Complete the following sentences choosing from the nouns listed above.

1. L'_____ _____ dura da settembre a giugno.

2. Se hai otto anni, vai alle _____.

3. Se hai sedici anni, vai alle _____.

4. Se hai dodici anni, vai alle _____.

5. Se tuo figlio ha tre anni, va all'_____.

6. Se tuo figlio ha tre mesi, va all'_____ _____.

As indicators of place, **a** and **in** are used without the article when we wish to convey the function a place performs rather than its physical qualities: **scuola** (*school*), **casa** (*home*), **ospedale** (*hospital*), **chiesa** (*church*), **bus** (*bus*), **hotel** (*hotel*), etc.

Vado a scuola.	*I'm going to school.*
Andate in chiesa?	*Are you going to church?*

ESERCIZIO
11·2

Translate the following sentences into English.

1. I bambini sono in chiesa.

_____

2. I miei figli vanno alla chiesa del nostro quartiere.

_____

3. In clinica mi hanno fatto aspettare due ore.

_____

4. Mio marito va in ospedale domani.

_____

5. Nella nostra casa di campagna possiamo ospitare venti persone.

_____

6. Sono nella macchina di tuo fratello.

_____

7. Stai in casa stasera?

_____

8. Vai a teatro sabato?

_____

Instructors and students

l(o)'allievo	*pupil*
il consiglio dei professori	*teacher board*
il diplomato	*high school graduate*
l(o, a)'insegnante	*teacher*
l(o)'istruttore/l(a)'istruttrice	*instructor*
il maestro	*elementary school teacher*
il, la preside	*principal*
il professore (m. and f.) / la professoressa	*professor; high school teacher*
lo studente / la studentessa	*student*
il, la supplente	*substitute teacher*

Sua madre fa la maestra.	*Her mother is an elementary school teacher.*

Answer yes (Y) or no (N) to the following questions.

1. Puoi fare il preside se sei un allievo? _____

2. Puoi fare il professore se hai studiato all'università? _____

3. Se fai il maestro insegni alle superiori? _____

4. Se sei diplomato vai ancora a scuola? _____

Learning

capire	to understand
copiare	to cheat
fare attenzione (a)	to pay attention (to)
frequentare	to attend
imparare	to learn
imparare a memoria	to memorize; to learn by heart
non prendere la sufficienza; prendere l(a)'insufficienza	to fail
passare l(o)'esame	to pass an exam
prendere appunti	to take notes
prendere la sufficienza	to pass
prendere (un corso)	to take (a course)
prendere (un voto)	to get (a grade)
sforzarsi; impegnarsi	to try hard
studiare	to study
tagliare	to play hooky

Ho preso tre insufficienze di fila.   *I failed three tests one after the other.*
Anna ha preso tre corsi di filosofia.   *Anna has taken three philosophy courses.*

Replace the words in parentheses in each sentence with the appropriate verb from the above list. Use the same modes and tenses. Add prepositions and articles if necessary.

1. Invece di andare a scuola, gli studenti hanno (passato la mattinata al cinema) _____.

2. Gli studenti (sono stati molto contenti dei risultati degli) _____ _____ _____ esami.

3. La studentessa (ascolta la professoressa e prende appunti) _____ _____.

4. Le studentesse (vanno a) _____ _____ scuola tutti i giorni.

5. Lo studente (prova a ricordare) _____ la poesia (senza guardare il testo) _____ _____.

Teaching

bocciare	*to hold back one year; to flunk*
correggere	*to correct*
dare	*to assign*
dare il voto / i voti (a)	*to grade; to give/assign grades*
espellere	*to expel*
impegnare; interessare	*to engage*
insegnare (a)	*to teach*
premiare	*to reward*
promuovere	*to promote to the next grade*
punire	*to punish*
spiegare (a)	*to explain (to)*

Mi hanno bocciato in seconda liceo.

They held me back in my second year of high school.

Insegno ai bambini di terza.

I teach third grade children.

ESERCIZIO

11·5

Complete the following sentences by choosing from the verbs listed above.

1. Il preside _____ _____ gli studenti che hanno tagliato.

2. La maestra _____ _____ _____ all'allieva.

3. La professoressa _____ gli errori nei compiti.

4. Il professore _____ _____ tre traduzioni da fare a casa.

5. Se il professore _____ bene, lo studente capisce e impara.

Describing education

brillante	*brilliant*
confermato; di ruolo	*tenured*
difficile	*difficult*
distratto	*absent-minded*
dotato (in/per + *definite article*)	*gifted/talented (in)*
e/con lode	*with distinction; cum laude*
facile	*easy*
facoltativo	*elective*
giusto	*correct; right*
ignorante	*ignorant*
negato (per)	*hopeless (at)*
obbligatorio	*mandatory*
sbagliato	*incorrect; erroneous*

Lina è negata per la chimica.
Ha una bambina molto dotata, Signora.

Lina is hopeless at chemistry.
You have a very gifted girl, Madam.

Translate the following sentences.

1. Are you taking three mandatory courses?

_____

2. He's not a brilliant student.

_____

3. His answers are correct.

_____

4. I'm taking two elective courses.

_____

5. That student is absent-minded.

_____

6. Your brother is hopeless at chemistry.

_____

Tools for teaching and learning

l(o)'apprendimento a distanza	*distance learning*
il banco	*desk*
la biro / le biro; la penna a sfera	*ballpoint pen*
la calcolatrice	*calculator*
il compito [a casa]	*homework (assignment)*
il compito in classe	*in-class test*
l(a)'enciclopedia	*encyclopedia*
l(o)'errore	*mistake*
l(o)'esempio	*example*
l(o)'esercizio	*exercise*
l(o)'intervallo	*recess*
il lavoro di gruppo	*teamwork*
il libro di testo	*textbook*
la matita	*pencil*
la penna	*pen*
il problema di matematica	*math quiz/test*
il quaderno	*notebook*
lo studio	*study*
il tema, i tema	*essay; composition*

Il professor Giugni dà molti compiti. Per esempio, 2 più 2 fa 4.

Professor Giugni assigns a lot of homework. For example, 2 plus 2 is 4.

Mark the word that does not belong in each of the following series.

1. a. il tema   b. l'esercizio   c. la matita   d. il compito

2. a. la matita   b. la biro   c. la calcolatrice   d. il banco

3. a. il compito   b. il tema   c. l'intervallo   d. il problema di matematica

Graduating

In Italian education, oral tests, called **interrogazioni** or **esami orali** (*oral interrogations/exams*) are widely used. At the end of high school students go through the rite of passage called **la maturità** (*leaving exam; exam to graduate high school*), when they face a **commissione esterna** (*external examining board*). But nowadays 99 percent of the students taking it receive at least a passing grade.

il diploma di scuola media superiore; **il diploma di maturità; la maturità**	*high school diploma*
l(o)'esame	*exam*
l(o)'esame con scelta su opzioni multiple	*multiple-choice test*
l(o)'esame di ammissione	*admission test*
l(o)'esame di Stato	*board exam*
la pagella	*report card*
il titolo di studio	*degree*
il voto	*grade*

Ha preso il diploma di ragioneria.	*He took a high school accountancy diploma.*
Ho passato l'esame di ammissione a medicina!	*I passed the admission test to medical school!*

Complete the following sentences, choosing from the words suggested under each of them.

1. Giovanna ha preso il massimo dei _____ alla maturità.
   a. problemi   b. voti   c. errori

2. Ho preso l'insufficienza nell'ultimo _____.
   a. lavoro di gruppo   b. studio   c. compito in classe

3. Massimo è stato _____ alla maturità.
   a. bocciato   b. espulso   c. punito

4. Siamo _____ solo in cinque su cento all'esame di ammissione.
   a. passati   b. frequentati   c. premiati

Subjects

Here follow the names of some subjects and disciplines taught from elementary school through postgraduate studies.

il disegno	*drawing*
l(a)'economia	*economics*
l(a)'educazione civica	*civics*
la geografia	*geography*
la giurisprudenza	*law*
la fisica	*phyiscs*
l(a)'informatica	*computer science*
l(a)'ingegneria	*engineering*
il latino	*Latin*
la letteratura; le lettere	*literature*
la matematica	*mathematics*
la materia	*subject*
la medicina	*medicine*
la musica	*music*
le scienze naturali	*natural sciences*
le scienze umane	*humanities*
la storia	*history*

Si laurea in giurisprudenza.	*She's getting a law degree.*
Fa il dottorato in economia.	*She's getting a Ph.D. in economics.*

ESERCIZIO
11·9

Provide the disciplines defined in each sentence. List them with the article.

1. La disciplina che studia i diritti e i doveri dei cittadini. _____

2. La disciplina che studia le relazioni astratte tra i numeri, le figure geometriche, ecc. _____

3. La lingua parlata dagli antichi romani, usata ancora dalla chiesa cattolica. _____

4. La materia che narra le vicende dell'umanità dalla preistoria ad oggi. _____

5. La materia che studia il mondo in cui viviamo dal punto di vista fisico e politico. _____

Higher education

The Italian college and university system was modeled on the German one, but as higher education has become "mass education," some features of the American system have been introduced. All countries belonging to the European Union (and several outside it, such as Norway) have signed the Bologna Convention, pledging to establish a homogenous university-level system to encourage the movement of young citizens and professionals throughout the Union.

l(o)'anno accademico	*academic year*
la biblioteca	*library*
la borsa di studio	*fellowship; scholarship*
il collegio	*boarding school*
il convegno; il congresso	*conference*

i crediti (pl.)	credits
il curricolo; il piano di studio	curriculum
il dottorato [di ricera]	Ph.D. program
il dipartimento	department
la domanda di ammissione (a)	application for admission
la laurea; il baccalaureato	college degree
la lezione; la conferenza	lecture
il, la preside	chairperson
la ricerca	research
il seminario	seminar
il sillabo	syllabus
le tasse universitarie (pl.)	tuition fees
l(a)'università	college; university

Hai fatto la domanda di ammissione all'università?	Did you apply to college?
Quando prendi la laurea?	When will you get your college degree?

ESERCIZIO 11·10

Complete in the following sentences.

1. Ho venti studenti di dottorato iscritti al mio _____.

2. Ho vinto una _____ _____ _____ per andare a studiare a Oxford!

3. Il professore di storia moderna è stato eletto _____ del Dipartimento di Storia.

4. Nelle università statali, le _____ _____ non sono alte.

5. Per diventare _____ all'università devi avere pubblicato molti articoli.

6. In una università europea ci vogliono almeno 60 _____ per prendere il baccalaureato.

7. Professore, sul _____ non ha elencato tutti i libri per il suo corso.

Studying at the university

ammettere (a)	to admit (to)
discutere la tesi/dissertazione	to defend one's dissertation
fare domanda (a/per)	to apply (to/for)
fare lezione	to lecture
fare ricerca	to do research
fare una conferenza	to give a lecture
iscriversi all'università	to enroll in college/university
laureare; laurearsi; prendere la laurea (in)	to graduate (from university)
presiedere	to chair

Discuto la tesi giovedì.	I'll defend my dissertation on Thursday.
Presiede la riunione il rettore Bindi.	Rector Bindi will chair the meeting.

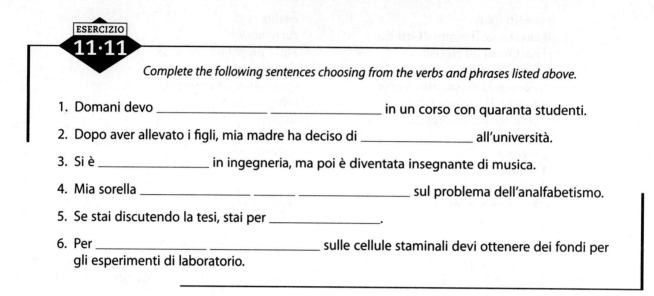

Complete the following sentences choosing from the verbs and phrases listed above.

1. Domani devo _____ _____ in un corso con quaranta studenti.

2. Dopo aver allevato i figli, mia madre ha deciso di _____ all'università.

3. Si è _____ in ingegneria, ma poi è diventata insegnante di musica.

4. Mia sorella _____ _____ _____ sul problema dell'analfabetismo.

5. Se stai discutendo la tesi, stai per _____ .

6. Per _____ _____ sulle cellule staminali devi ottenere dei fondi per gli esperimenti di laboratorio.

Computers

English dominates the vocabulary of computers and electronic media in general. Readers can assume that most of the terms listed below are used in English, but the Italian version is given when it is used as much as the original English.

il computer; il PC	*(personal) computer; PC*
il crash	*crash*
il cursore	*cursor*
il dischetto	*diskette*
l(o)'hardware	*hardware*
il lettore ottico di caratteri; lo scanner	*scanner*
la memoria (ROM e RAM)	*memory (ROM and RAM)*
il mouse	*mouse*
la pila	*battery*
la porta / il port	*port*
il portatile; il laptop	*laptop*
lo schermo; il video	*screen*
il sostegno; il supporto	*support*
la stampante	*printer*
il tasto di ritorno	*return key*
la tecnologia	*technology*

Il suo computer ha tre porte USB.	*His computer has three USB ports.*
Il mio PC non ha abbastanza memoria operativa.	*My PC doesn't have enough ROM.*

Give the names of computing equipment parts described in the following sentences. Include the article.

1. Disco magnetico in materiale plastico, usato per la registrazione di dati. _____

2. Dispositivo per personal computer che permette di spostare il cursore sullo schermo. _____

3. Elaboratore elettronico. _____

4. Sorgente di energia elettrica che fa funzionare un elettrodomestico senza collegamento in rete. _____

5. Strumento per l'elaborazione di dati che si può spostare facilmente. _____

Software

la banca dati	*databank*
la cibernetica; l(a)'intelligenza artificiale	*cybernetics*
il ciberspazio	*cyberspace*
la cifra; il numero	*digit*
la copia	*copy*
il dato, i dati	*datum, data*
l(a)'elettronica	*electronics*
il file	*file*
il programmatore / la programmatrice	*programmer*
il reboot	*reboot*
il software	*software*
la stampa	*print*

Hai fatto un backup dei file?   *Did you back up your files?*
La cibernetica ha creato un mondo virtuale.   *Cybernetics has created a virtual world.*

In each series, mark the word that does not belong.

1. a. il cursore   b. il mouse   c. il tasto di ritorno   d. il reboot

2. a. la banca dati   b. il file   c. il programmatore   d. le cifre

3. a. la stampa   b. la cibernetica   c. l'elettronica   d. il software

4. a. il programmatore   b. il reboot   c. il crash   d. i dati

Using a computer

archiviare	to file
avere un crash	to crash
cliccare [su] (aux. avere)	to click (on)
copiare	to copy
duplicare; fare un backup	to back up
eliminare	to delete
inserire	to enter
masterizzare un CD	to burn a CD
premere	to press
riavviare il sistema; fare il reboot	to reboot
salvare	to save
scaricare	to download
stampare	to print

Ho fatto il reboot tre volte. *I rebooted three times.*
Ho scaricato tante canzoni da quel sito. *I downloaded many songs from that site.*

ESERCIZIO 11·14

Complete the following sentences by choosing from the verbs listed above.

1. Il tasto Enter serve per _____ i dati.

2. Quando il computer ha un crash, provi a fare un _____.

3. Quando usi un CD per salvare dei dati, si dice che lo _____.

4. Se non vuoi perdere i file, devi fare spesso un _____.

5. Usi il mouse per _____.

The World Wide Web

l(o)'allegato	attachment
la casella e-mail	e-mail box
l(a)'homepage	home page
l'indirizzo e-mail	e-mail address
l(a)'internet	Internet
il menù	menu
il messaggio di posta elettronica; l(a)'e-mail	e-mail message
il motore di ricerca	search engine
la pagina web	web page
la parola d'ordine; la password	password
la posta elettronica; l(a)'e-mail	e-mail
il sito (web)	(web)site
l(o)'SMS (esse-emme-esse), gli SMS	SMS (Short Message Service); text message
lo spam; la posta elettronica spazzatura	spam
il videogioco; il videogame	video game
la (world wide) web	the (World Wide) Web

Ti mando un SMS.   *I'll send you a text message.*
Se clicchi qui torni alla homepage.   *If you click here you'll go back to the home page.*

ESERCIZIO 11·15

Match the first part of each sentence on the left with the appropriate conclusion among those listed on the right.

1. I nostri affari vanno molto meglio _____

2. Nella mia casella e-mail _____

3. Non scegliere il tuo compleanno _____

4. Se vuoi trovare un'informazione su internet _____

5. Ti ho mandato un documento _____

a. come allegato a un messaggio.

b. come parola d'ordine.

c. da quando abbiamo il nuovo sito web.

d. devi usare un motore di ricerca.

e. ho dieci messaggi spazzatura al giorno.

Describing the Internet

[la] chiocciola	@; at
di base	basic
facile da usare; user friendly	user-friendly
home	home
in linea; on line; collegato all'internet	online
indietro; back	back
interattivo	interactive
modulare	modular
per default	by default
precedente	previous
punto	dot
scollegato; off line	off-line
tecnologico	technological

Indirizzo e-mail: alessandra punto bossi chiocciola telenet punto it

E-mail address: alessandra@telnet.it

Ti ho chiamato con skype, ma eri scollegato.

I called you on Skype, but your were off-line.

ESERCIZIO 11·16

Translate the following sentences into Italian, keeping as many English words as possible.

1. Giorgio is online five hours a day (**al giorno**).

_____

2. My e-mail address is valeria.guidi@fastnet.net.

_____

3. She isn't answering her e-mail messages. She must be off-line.

_____

4. The Back option sends you to the previous page.

_____

5. The new software is really (**davvero**) user-friendly.

_____

Verbs

allegare	*to attach*
andare su google	*to google*
chattare (aux. **avere**)	*to chat (online)*
fare il log in; connettersi (a)	*to log in/on*
fare [il] log off; disconnettersi (da)	*to log off*
inoltrare	*to forward*
mandare; inviare	*to send*
navigare (aux. **avere**)	*to navigate; to surf*
personalizzare	*to customize*

Si collega anche quando viaggia.	*He logs on even when he travels.*
Ha navigato su internet tutta la notte.	*He surfed the Internet all night.*

ESERCIZIO 11·17

Complete the short report about your Internet-related activities, using as many words in English as possible.

Gianni si collega a (1) _____ per (2) _____ con degli altri utenti su You Tube. Quando riceve un' (3) _____ divertente, la inoltra ai suoi amici. Il suo (4) _____ web ha una pagina interattiva, dove può giocare a dei (5) _____ con altra gente. Quando si alza la mattina, (6) _____ subito a (7) _____ per controllare la sua casella (8) _____. È bravo a risolvere alcuni malfunzionamenti del (9) _____.

Culture, the arts, and leisure time

Over the centuries Italians have produced great literature. They have also been avid consumers of foreign literary products: the translation business is lively in Italy. And they publish a great number of daily newspapers, which reflect the importance of local cultures, and the wide array of Italian points of view and ideological stands.

And yet, Italians are not great readers. They prefer spending their leisure time with friends, watching TV, going to the movies, and enjoying the outdoors. They are proficient at sports, but, as happens in most countries, the majority of Italians is sedentary and needs to add more physical activities to their lives.

l(o)'alfabeto	*alphabet*
l(o)'autore/l(a)'autrice	*author*
la casa editrice	*publishing house*
la cultura (sing.)	*culture*
l(o)'editore (m. and f.) / l(a)'editrice (rare)	*publisher*
la letteratura	*literature*
il lettore / la lettrice	*reader*
la lettura	*reading*
il libro	*book*
la narrativa; la fiction	*fiction*
la poesia	*poem; poetry*
il poeta, i poeti / la poetessa	*poet*
il romanziere / la romanziera	*novelist*
il romanzo	*novel*
lo scrittore / la scrittrice	*writer*
la scrittura (sing.)	*writing*
la storia	*story*
il titolo	*title*

Legge solo libri gialli.	*He reads only murder mysteries.*
Mondadori è un editore importante.	*Mondadori is an important publisher.*

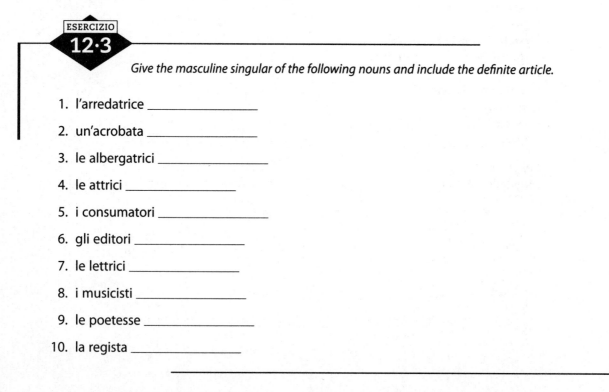

ESERCIZIO 12·1

Mark the word that does not belong in each series.

1. a. l'autore   b. il romanziere   c. il titolo   d. lo scrittore

2. a. il poeta   b. lo scrittore   c. il libro   d. l'autore

3. a. la cultura   b. la scrittrice   c. la romanziera   d. l'autrice

4. a. la poesia   b. l'alfabeto   c. la letteratura   d. la narrativa

ESERCIZIO 12·2

Answer yes (**Y**) or no (**N**) to the following questions.

1. In generale i poeti pubblicano dei best seller? _____

2. Il redattore decide che libri pubblicare? _____

3. L'autore scrive il testo? _____

4. La poesia è facile da tradurre? _____

5. Un lavoro di fiction è un lavoro di fantasia? _____

Many names of professionals form the feminine by adding **-essa** to the stem of the noun: **il dottore** (*male physician*) → **la dottoressa** (*female physician*), by changing **-tore** into **-trice**: **lo scrittore** (*male writer*) → **la scrittrice** (*female writer*), or by changing the article: **il cantante** (*male singer*) → **la cantante** (*female singer*).

ESERCIZIO 12·3

Give the masculine singular of the following nouns and include the definite article.

1. l'arredatrice _____

2. un'acrobata _____

3. le albergatrici _____

4. le attrici _____

5. i consumatori _____

6. gli editori _____

7. le lettrici _____

8. i musicisti _____

9. le poetesse _____

10. la regista _____

Writing and publishing

abbonarsi (a)	*to subscribe (to)*
(in)cominciare	*to begin*
dire lettera per lettera	*to spell*
finire	*to end*
intervistare	*to interview*
intitolare	*to title*
leggere	*to read*
pubblicare	*to publish*
raccontare; narrare	*to tell; to recount; to narrate*
scrivere	*to write*
stampare	*to press; to print*

Il romanzo finisce male.	*The novel ends badly.*
Può dirmi il suo nome lettera per lettera?	*Can you spell your name for me?*

ESERCIZIO
12·4

Complete the following sentences by choosing from the verbs listed above. Use the present simple and the present perfect of the indicative or the present infinitive.

1. «Signore, quanti libri _____ di media all'anno»? «Diciotto, venti».

2. «Quanti libri ha _____ quella scrittrice»? «Ha _____ otto romanzi».

3. Ha _____ il suo primo romanzo *La campagna*. Uscirà a marzo.

4. I libri vengono _____ su carta.

5. La mamma _____ una storia al bambino.

6. Il lavoro di una casa editrice è _____ libri.

Newspapers

l(o)'abbonamento (a)	*subscription (to)*
l(o)'articolo	*article*
l(a)'attualità; la cronaca (sing.)	*current affairs*
il direttore [del giornale]	*newspaper editor; publisher*
l(a)'edizione web	*web edition*
il giornale; il quotidiano	*newspaper*
il giornalismo	*journalism*
il, la giornalista	*journalist*
la notizia, le notizie	*news*
la prima pagina	*front page*
la rivista; il rotocalco	*magazine*
la stampa	*press*
il titolo	*headline*

Vorrei un abbonamento semestrale.	*I'd like a six-month subscription.*
Il direttore ha licenziato la giornalista.	*The publisher fired the journalist.*

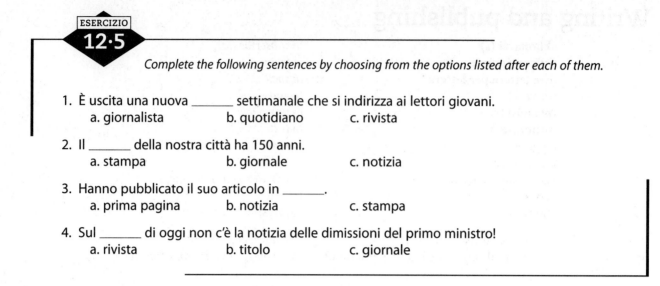

Complete the following sentences by choosing from the options listed after each of them.

1. È uscita una nuova _____ settimanale che si indirizza ai lettori giovani.
   a. giornalista   b. quotidiano   c. rivista

2. Il _____ della nostra città ha 150 anni.
   a. stampa   b. giornale   c. notizia

3. Hanno pubblicato il suo articolo in _____.
   a. prima pagina   b. notizia   c. stampa

4. Sul _____ di oggi non c'è la notizia delle dimissioni del primo ministro!
   a. rivista   b. titolo   c. giornale

Radio and TV

l(o)'ascoltatore/l(a)'ascoltatrice	*listener*
il canale [televisivo]	*TV channel*
il conduttore / la conduttrice	*host; anchor*
il giornale radio, i giornali radio	*radio news*
i [mass] media	*(mass) media*
la [antenna] parabolica	*satellite dish*
il programma	*program*
la radio, le radio	*radio*
il, la radiocronista; il, la telecronista	*newscaster*
la rete	*network*
lo spettacolo; lo show	*show*
lo spettatore / la spettatrice	*spectator*
il telegiornale; il TG, i TG	*TV news*

Mia madre guarda solo il TG.	*My mother watches only the TV news.*
Hanno installato la parabolica.	*They installed a satellite dish.*

Complete the following sentences by choosing from the words listed above.

1. Hanno dato la notizia del rapimento al _____ _____, ma non al telegiornale.

2. Il suo programma ha tre milioni di _____.

3. La _____ è stata inventata prima della televisione.

4. Nostro nonno era _____ sportivo ai Campionati Mondiali di calcio del 1934.

5. Rupert Murdoch possiede molte _____ televisive.

Describing the media

a cura di	*edited by*
dal vivo; in diretta	*live*
di fantasia	*fictional*
esaurito	*out of print*
famoso	*famous*
giornalistico	*journalistic*
in onda	*on the air*
in stampa	*in print*
registrato	*recorded*
sensazionale	*sensational*
televisivo	*TV-related; television*
(TV) via cavo	*cable (TV)*

È una raccolta di saggi a cura di Bocci.   *It's a collection of essays edited by Bocci.*
Il suo romanzo è esaurito.   *His novel is out of print.*

ESERCIZIO 12·7

Complete the following sentences by choosing from the qualifiers listed above.

1. Grazie alla TV _____ _____ si possono vedere centinaia di canali.

2. Il suo nuovo libro ha avuto tanto successo che è già _____.

3. L'intervista con il primo ministro è stata trasmessa _____ _____.

4. Silenzio! Siamo _____ _____!

5. Quel programma non è in diretta, è _____.

Cinema, theater, and photography

l(o)'applauso	*applause*
l(o)'attore/l(a)'attrice	*actor*
il cinema (sing.)	*cinema*
il cinema[tografo], i cinema[tografi]	*(movie) theater*
il film	*film; movie*
la foto[grafia], le foto[grafie]	*photograph; photography*
il fotografo	*photographer*
l(a)'immagine	*image*
la macchina fotografica; la cinepresa	*camera*
la multisala	*multiplex*
il palcoscenico	*stage*
la [sera della] prima	*opening night*
il pubblico	*audience*
il, la regista	*director*
il sipario	*curtain*
i sottotitoli (pl.)	*subtitles*

la star, le star (f. and m.); **la stella** (f. and m.); **il divo / la diva**	*star*
il teatro	*theatre/theater*

Calò il sipario.	*The curtain came down.*
Al cinema danno il *Titanic*.	*Titanic is showing in movie theaters.*

ESERCIZIO
12·8

Complete the following sentences by choosing from the nouns listed above.

1. Cartier Bresson è stato un grande _____.

2. Ingmar Bergman è stato un _____ importante.

3. Danno venti film alla _____.

4. Lo zoom, il grandangolo e il teleobiettivo sono delle lenti per la _____ _____.

5. I film stranieri hanno tutti i _____.

Acting and film

applaudire	*to applaude*
dirigire (un film)	*to direct*
doppiare	*to dub*
filmare	*to film*
fischiare	*to boo*
girare (un film)	*to shoot (a film)*
prendere; fare una foto[grafia]	*to take a photo(graph)*
provare; fare le prove	*to rehearse*
recitare (in + *article*)	*to act; to play in*

Chi ha diretto *Ben Hur*?	*Who directed* Ben Hur?
Ha recitato nell'*Amleto*.	*He played in* Hamlet.

ESERCIZIO
12·9

Match the first part of each sentence on the left with the appropriate conclusion among those listed on the right.

1. Ha doppiato _____
2. Hanno finito le prove. _____
3. Il regista che ha vinto l'Oscar _____
4. Un film è un serie _____

a. di immagini fotografiche in movimento.

b. Dopodomani c'è la prima.

c. ha diretto cinquanta film.

d. John Wayne per trent'anni.

Music and dance

Since the Renaissance, Italy has played a major role in the development of Western music, opera especially. But Italy has imported much of the twentieth century's popular music from Great Britain, the United States, and Central and South America.

la ballerina	*ballerina*
il ballerino	*dancer*
il balletto (sing.)	*ballet*
il bis, i bis	*encore*
il, la cantante	*singer*
la canzone	*song*
il compositore (m. and f.)	*composer*
il concerto	*concert*
il coro	*choir; chorus*
la danza; il ballo	*dance*
il direttore / la direttrice [d'orchestra]	*conductor*
la discoteca	*disco*
il dj; il disc jockey (m. and f.)	*DJ; disc jockey*
l(a)'esecuzione; la performance	*performance*
il gruppo; la banda	*band*
la musica (sing.)	*music*
il, la musicista	*musician*
l(o)'opera	*opera*
l(a)'orchestra	*orchestra*
il ritmo	*rhythm*
lo strumento [musicale]	*musical instrument*
il suonatore, la suonatrice	*player*
la voce	*voice*

Canto da soprano nel coro della chiesa.	*I sing soprano in the church choir.*
Segue molto bene il ritmo.	*He follows the rhythm very well.*

ESERCIZIO

12·10

Complete the following sentences by choosing from the nouns listed above.

1. Balla benissimo, perché ha un gran senso del _____.

2. Beethoven fu un grandissimo _____.

3. I Beatles sono stati il _____ rock più famoso del XX secolo.

4. Il soprano ha cantato benissimo. Il pubblico ha chiesto a gran voce il _____.

5. Mia sorella è la prima donna _____ d'orchestra alla Scala.

6. Pavarotti è stato un grande _____ d'opera.

Singing and dancing

andare a ballare	to go dancing
cantare	to sing
comporre	to compose
condurre; guidare	to lead
danzare; ballare	to dance
registrare	to record
seguire	to follow
suonare (a musical instrument)	to play

Il ballerino guida la ballerina.	The gentleman leads the lady.
Suoni la tromba?	Do you play the trumpet?

ESERCIZIO
12·11

Answer the following questions.

1. Chi dirige gli attori, la regista o la romanziera? _____

2. Chi compone musica, il compositore o il direttore d'orchestra? _____

3. Chi scrive la colonna sonora di un film, il musicista o la regista? _____

4. Chi dirige l'orchestra, il direttore o il cantante? _____

5. Se guardi delle immagini in movimento, guardi delle fotografie o un film? _____

The fine arts

In no cultural endeavor has the contribution of Italy been greater than in the **belle arti**, the *fine arts*, which have filled the museums of so many countries. Here follows a list of nouns regarding painting, sculpture, architecture, and design.

l(o)'architetto/l(a)'architetta	architect
l(a)'arte	art
l(o, a)'artista	artist
la ceramica	pottery
il design	design
il designer (m. and f.)	designer
la galleria	gallery
il modello	model
il monumento	monument
la mostra	exhibit; show
il museo	museum
il pittore / la pittrice	painter
il quadro; il dipinto / la pittura (sing.)	painting
il restauro	restoration
il ritratto	portrait
lo scultore / la scultrice	sculptor
la scultura	sculpture
la statua	statue

| lo stile | style |
| il vaso | vase |

| Vivono in una casa stile liberty. | *They live in an arts nouveaux–style building.* |
| Fa la modella per uno scultore. | *She's a model for a sculptor.* |

ESERCIZIO
12·12

Mark the word that does not belong in each of the following series.

1. a. la galleria   b. il monumento   c. la statua   d. lo scultore

2. a. il museo   b. il vaso   c. la galleria   d. la mostra

3. a. lo scultore   b. la statua   c. il marmo   d. il ritratto

4. a. lo stile   b. la pittrice   c. l'artista   d. il designer

ESERCIZIO
12·13

Complete the following sentences by adding the profession of the artist.

1. L'_____ americano più famoso è Frank Lloyd Wright.

2. La lampada Arco venne disegnata da Achille Castiglioni, un grande _____.

3. La moglie del pittore gli fa anche da _____.

4. Michelangelo è uno dei più grandi _____, _____ e _____ di tutti i tempi.

5. Picasso è stato un _____ importantissimo.

Producing art

cuocere (al forno)	*to bake; to fire*
dipingere	*to paint*
disegnare	*to draw*
essiccare; far asciugare	*to dry*
intagliare	*to carve*
mostrare (a); far vedere (a)	*to show (to)*
posare	*to pose*
progettare; disegnare; fare il design (di)	*to design*
scolpire	*to sculpt*

| Michelangelo ha scolpito il *David*. | *Michelangelo sculpted the* David. |
| Posso farti vedere le mie foto? | *Can I show you my photos?* |

In the following sentences, artists and verbs have been mixed up. Match the artist with the verb describing his/her artistic endeavor.

1. L'architetto posa per il pittore.

_____

2. La grafica dipinge l'affresco.

_____

3. La modella scolpisce la statua.

_____

4. La pittrice progetta lo stadio.

_____

5. Lo scultore disegna il logo della ditta.

_____

Italian can form compound nouns that specify the function of an object by adding **da** + *noun*. When the context is clear, the qualifier can be dropped.

le carte [da gioco]	*playing cards*
il guantone [da baseball]	*baseball mitt*

Match the nouns on the left with the appropriate complement among those listed on the right. Translate the compound words into English.

1. il costume _____   a. da bagno

_____

2. la macchina _____   b. da ginnastica

_____

3. la pallina _____   c. da montagna

_____

4. il pallone _____   d. da scrivere

_____

5. la racchetta _____   e. da calcio

_____

6. il sacco _____   f. da golf

_____

7. le scarpe _____   g. da tennis

_____

8. gli scarponi _____   h. da sci

_____

Having fun

barare (a) (aux. **avere**)	*to cheat*
dare scacco matto (a)	*to checkmate*
divertire	*to amuse*
divertirsi	*to enjoy oneself; to have fun*
giocare (a) (aux. **avere**)	*to play*
giocare d'azzardo (aux. **avere**)	*to gamble*
intrattenere	*to entertain*
scommettere	*to bet*
tagliare il mazzo	*to cut the deck*

Carlo ha barato a poker.   *Carlo cheated at poker.*
Vi siete divertiti allo zoo?   *Did you have fun at the zoo?*

ESERCIZIO
12·16

Add the appropriate verb to the following sentences.

1. I clown fanno _____ i bambini.

2. I giocatori di carte _____ a poker.

3. Paolo _____ moltissimo allo zoo.

4. Il gran maestro ha _____ al computer.

5. Nei film western, spesso il giocatore d'azzardo _____ e viene ucciso.

Keeping in shape

l(a)'aerobica (sing.)	*aerobics*
l(o)'allenatore/l(o)'allenatrice personale	*personal trainer*
l(a)'attrezzatura	*exercise gear*
la cyclette	*stationary bike*
l'esercizio fisico (sing.); **la ginnastica**	*exercise*
la fitness	*fitness*
la palestra	*gym*
i pesi (pl.)	*weights*

la piscina	*swimming pool*
le scarpe da ginnastica; le sneaker(s)	*sneakers*
la tuta da ginnastica	*gym clothes; tracksuit*

Vado in palestra tre volte la settimana.
Lalla fa ginnastica tutti i giorni.

I go to the gym three times a week.
Lalla exercises every day.

ESERCIZIO
12·17

Complete the following sentences by choosing from the words listed above.

1. Lavoro in palestra con un'_____ _____.

2. Non faccio più l'_____. Mi facevano male le ginocchia.

3. Se vuoi dimagrire devi fare molta _____.

4. Signora, non può stare in palestra scalza. Deve mettersi le _____.

Sports

l(o)'allenamento	*training*
l(o, a)'atleta	*athlete*
l(a)'atletica [leggera] (sing.)	*athletics*
la barca a vela	*sailboat*
il campione / la campionessa	*champion*
la classifica	*placement*
la corsa	*running*
la gara	*race*
il giocatore / la giocatrice (di baseball / football americano / calcio/football, etc.)	*(baseball/football/soccer, etc.) player*
il golf	*golf*
la medaglia	*medal*
la parità / il pareggio	*tie*
il perdente (m. and f.); **lo sconfitto**	*loser*
la pista [da atletica]	*track*
il pugilato / la box	*boxing*
la racchetta	*racquet*
il record	*record*
lo sci (sing.)	*skiing*
lo sport	*sport*
il tennis	*tennis*
la vela	*sail; sailing*
la vittoria	*victory*
il vincitore / la vincitrice	*winner*

Max ha una barca a vela di dodici metri.
Mio figlio vuole fare il giocatore di calcio.

Max has a 12-meter sailing boat.
My son wants to become a soccer player.

Complete the following sentences choosing from the options given below each of them.

1. Alle Olimpiadi hanno battuto _____ dei 200 metri piani.
   a. la classifica b. il record   c. la corsa

2. L'Italia è quarta in _____ ai giochi olimpici.
   a. pareggio   b. vittoria   c. classifica

3. Suo marito è in gran forma perché ha fatto _____ tutta la vita.
   a. il perdente b. sport   c. il vincitore

4. Mia figlia ha vinto _____ di bronzo ai mondiali di atletica!
   a. la medaglia b. il record   c. la gara

The preposition **da** can be followed by a verb in the present infinitive to convey the idea that something *can be done, must be done, needs to be done,* or *is worth doing.*

Hai dei libri da leggere?	*Do you have any books to read?*
Vi assegno tre libri da leggere.	*I'm assigning you three books to read.*
La mia automobile è da lavare.	*My car needs washing.*
È un posto da vedere.	*It's a place worth seeing.*

Match each noun on the left with the appropriate complementary phrase among those listed on the right.

1. i diritti d'autore _____

2. il nuovo film di Scorsese _____

3. il sacco da montagna _____

4. l'articolo di giornale _____

5. l'atleta _____

6. la commedia _____

7. un motivo musicale _____

8. una poesia carina _____

a. da allenare per la gara

b. da cantare in coro

c. da pagare allo scrittore

d. da preparare per la gita

e. da recitare nel teatro comunale

f. da recitare alla festa di compleanno del nonno

g. da scrivere per l'ultima edizione

h. da vedere assolutamente

The preposition **a** can be used before a noun to indicate the main characteristic of a thing or an activity. **Barca a vela** (*sailboat*): a boat that uses sails; **barca a motore** (*motorboat*): a boat propelled by a motor; etc.

Match the nouns on the left with the appropriate complements on the right. Translate the compound words into English.

1. l'apprendimento _____   a. a contatto

_____

2. il bagaglio _____   b. a distanza

_____

3. la carne _____   c. a mano

_____

4. le lenti _____   d. a sfera

_____

5. la penna _____   e. ad alta velocità

_____

6. il quadro _____   f. a olio

_____

7. il treno _____   g. alla griglia

_____

Team sports

l(o)'allenatore/l(a)'allenatrice	*coach*
l(o)'arbitro (m. and f.)	*referee; umpire*
il baseball	*baseball*
il calcio; il football	*soccer*
il fan (m. and f.); **il tifoso**	*fan*
il football americano	*football*
il gol; i gol	*goal (point scored)*
il guantone (da baseball / box, etc.)	*(baseball/boxing) glove*
la pallacanestro / il basketball	*basketball*
la pallavolo	*volleyball*
il pallone / la boccia; la palla; la pallina	*ball*
la partita	*game; match*
la porta; la rete (in soccer)	*goal (structure)*
lo stadio	*stadium*

Ho perso cinque palline da golf domenica.   *I lost five golf balls on Sunday.*
Stefanie Graf ha vinto la partita in due set.   *Stefanie Graf won the game in two sets.*

On the basis of the clues given below, decide what sport is being played.

Se usi questi attrezzi:

1. un pallone, un campo in erba e due porte con le reti _____

2. una palla, un canestro e un campo all'aperto o al chiuso _____

3. una pallina, un campo a forma di diamante, una guantone e una mazza _____

4. un pallone ovale e un campo all'aperto _____

Playing sports

allenare	*to train*
correre (aux. **avere**)	*to run*
fare ginnastica	*to work out; to exercise*
fare pari	*to tie*
fare vela; andare in vela	*to sail*
giocare a (calcio/football/baseball/ football americano/tennis, etc.) (aux. **avere**)	*to play (soccer/baseball/football/tennis, etc.)*
perdere	*to lose*
sciare (aux. **avere**)	*to ski*
segnare	*to score*
tuffarsi	*to dive*
vincere	*to win*

Giocano a calcio ogni sabato.
Vanno in vela sei mesi all'anno.

They play soccer every Saturday.
They go sailing six months a year.

In each sentence, replace the words in parentheses with the appropriate verb from those listed above.

1. Hanno (preso una barca a vela e sono andati) _____ _____ in giro per il Mediterraneo.

2. I bambini (danno calci a un pallone e cercano di mandarlo verso una delle due porte alle estremità del campo) _____ _____ _____.

3. Il personal trainer (lavora con) _____ l'atleta per prepararlo per le Olimpiadi.

4. Le due squadre di calcio hanno fatto (lo stesso numero di gol) _____.

5. Vittorio (è salito su un trampolino e si è buttato) _____ _____ _____ in acqua.

Work and business

The Italian economy, dominated by agriculture until the 1950s, is now a service economy, even though the manufacturing sector still represents a larger share of the GDP in Italy than in the United States. Italy is a nation where small- and mid-sized firms survive in all sectors thanks to high quality production and their skills in taking advantage of niche markets. Because of a lack of investment in research and development the technology sector is underdeveloped, even though Italy remains the seventh richest country in the world.

l(o)'annuncio di lavoro	*job advertisement*
il biglietto da visita	*business card*
la carriera	*career*
il colloquio [di lavoro] / l(a)'intervista	*job interview*
il concorso	*competition*
il curricolo; il curriculum vitae	*résumé; CV*
i dati personali (pl.)	*personal data/information*
la disoccupazione	*unemployment*
la formazione (sing.)	*training*
l(o)'impiego	*employment; job*
il lavoro	*work*
il mestiere; il (proprio) lavoro	*(one's) job/work*
il pensionamento / la pensione (sing.)	*retirement*
il posto [di lavoro]	*position*
la professione	*profession*
la raccomandazione	*recommendation*
la referenza	*reference*
l'ufficio del personale	*personnel department; human resources*

Il posto fisso è una cosa del passato.	*Job security is a thing of the past.*
È uno con molte raccomandazioni.	*He's well connected.*
Il mio ex datore di lavoro mi ha scritto un'ottima lettera di raccomandazione.	*My former employer wrote an excellent letter of recommendation for me.*

Answer yes (Y) or no (N) to the following questions.

1. Trovi i dati personali sul curriculum vitae? _____

2. L'ufficio del personale si occupa delle risposte agli annunci di lavoro? _____

3. Se lavori ancora a settant'anni sei in pensione? _____

4. Se non hai avuto una promozione in dieci anni, stai facendo una buona carriera? _____

5. Se sei disoccupato hai un posto fisso? _____

Professional roles

l(o)'addetto	*delegate; person in charge of a particular task*
l(o)'artigiano	*craftsman*
l(o, a)'assistente sociale	*social worker*
il boss (m. and f.); il [mio] principale (m. and f.); il [mio] capo (m. and f.) / la [mia] capa	*boss*
la capacità	*skill*
il, la consulente	*consultant*
il datore / la datrice di lavoro	*employer*
il, la dirigente; il manager (m. and f.)	*manager*
l(o, a)'esperto di computer	*computer expert*
l(o)'impiegato; il, la dipendente	*employee*
l(o)'ingegnere (m. and f.)	*engineer*
il lavoratore / la lavoratrice; l'operaio	*worker*
il libero professionista	*self-employed professional*
il personale (collective sing.)	*staff*
la segretaria (il segretario, rare)	*secretary*
il tecnico	*technician*

Chi è l'addetto alla manutenzione?	*Who's the person in charge of maintenance?*
Mia moglie fa la libera professionista.	*My wife is self-employed.*

Find the worker described in each of the following definitions.

1. I giornalisti, gli avvocati, i medici sono spesso dei _____ _____.

2. Il responsabile del progetto per costruire il ponte è un _____.

3. La fabbrica in cui aumenta la produzione di lavatrici assume degli _____.

4. La persona che controlla il tuo lavoro è il tuo _____.

5. La persona che ha funzioni dirigenti in un'azienda è un _____.

Describing work

a tempo parziale; part time	*part-time*
a tempo pieno; full time	*full-time*
disoccupato	*unemployed*
freelance	*freelance*
impiegato; che ha un lavoro	*employed*
in prova	*on probation*
specializzato	*skilled*
stagionale	*seasonal*

Gianni è un operaio specializzato.	*Gianni is a skilled worker.*

ESERCIZIO
13·3

Replace the phrases in parentheses in each sentence with the appropriate qualifier from those listed above.

1. Ho un lavoro (da maggio a ottobre) _____ in un hotel.

2. Il mio fidanzato fa il fotografo (per vari giornali e riviste) _____.

3. Lavori (dalle 9 alle 5) _____ _____ _____.

4. Mia sorella lavora (venti ore la settimana) _____ _____ _____.

5. Sono (senza lavoro) _____.

6. Una persona (con un lavoro) _____.

Working conditions

l(a)'amministrazione / il management / l(a)'azienda (sing.)	*management*
l(o)'aumento	*increase*
la busta paga, le buste paga	*paycheck*
il, la collega	*colleague; coworker*
il contratto [di lavoro]	*contract*
le dimissioni (pl.)	*resignation*
le ferie (pl.)	*vacation time*
il lavoratore extracomunitario	*immigrant worker*
l(o)'orario di lavoro	*working hours*
la pensione	*pension*
la promozione	*promotion*
il salario	*wage*
lo sciopero	*strike*
il sindacato	*trade union*
lo stipendio	*salary*
il sussidio di disoccupazione	*unemployment benefits*
le tasse (pl.)	*taxes*
il turno	*shift*

| I sindacati e l'azienda hanno interrotto i negoziati. | The trade unions and the firm broke the negotiations. |
| Hanno espulso dieci lavoratori extracomunitari. | They expelled ten immigrant workers. |

ESERCIZIO
13·4

Match the first part of each sentence on the left with the appropriate conclusion among those listed on the right.

1. Fa l'operaio specializzato da trent'anni, _____
2. I sindacati e l'azienda _____
3. Il consiglio di amministrazione ha chiesto _____
4. Mi sono licenziato perché _____
5. Sara ha un buon posto di lavoro, _____
6. Suo marito guadagna poco; per quello _____

a. al direttore di dare le dimissioni.
b. conosce bene il suo mestiere.
c. ha un secondo lavoro.
d. hanno firmato il contratto.
e. ma fa un orario impossibile.
f. mi hanno offerto un lavoro migliore.

Work—from beginning to end

andare in pensione	to retire
assumere	to hire
impiegare; dare lavoro (a)	to employ
lavorare (aux. avere)	to work
licenziare	to fire
licenziarsi; lasciare il lavoro	to quit (one's job)
prendere le ferie; mettersi in ferie	to go on vacation
scioperare (aux. avere)	to strike
sfruttare	to exploit

| Papà va in pensione tra due anni. | Dad will retire in two years. |
| Prendiamo le ferie a luglio? | Shall we go on vacation in July? |

ESERCIZIO
13·5

Complete the following sentences by choosing from the verbs listed above.

1. Gli extracomunitari costretti a lavorare dodici ore al giorno sono _____.

2. I lavoratori hanno deciso di _____ perché la ditta non ha accettato le proposte del sindacato.

3. La mia azienda è in crisi. Temo che verrò _____.

4. Quando una persona prende dei giorni di vacanza pagati, _____ _____ _____.

5. Quando smetti di lavorare dopo trent'anni di lavoro, _____ _____ _____.

Technology at work

Nowadays most people work at their desks, rather than on the factory floor. Telephones and computers dominate the office environment. Italians start work between 8 and 9 in the morning, take their lunch hour in a nearby **bar** or **caffè**, and crawl home fighting traffic jams between 6 and 7 P.M.

l(a)'agenda	*daily planner; notebook*
la casella vocale; il voice mail	*voice mail*
il cellulare; il telefonino	*cell(ular) phone*
il centralino	*switchboard*
il fax	*fax machine*
l(o)'interno	*extension*
il messaggio	*message*
il numero di telefono; il numero telefonico	*telephone number*
il numero verde	*toll-free number*
l(o)'operatore/l(a)'operatrice	*operator*
la scrivania	*desk*
la segreteria telefonica	*answering machine*
il senzafili, i senzafili; il cordless	*cordless*

Le ho lasciato dieci messagi sul voice mail.	*I left ten messages on her voice mail.*
Se chiami un numero verde non paghi la telefonata.	*If you call an 800 number, you don't pay for the phone call.*

ESERCIZIO
13·6

Complete the following sentences by choosing among the nouns listed above.

1. Ho quindici _____ sulla mia segreteria telefonica!

2. Il mio numero di telefono in ufficio è 02.388.54.000, _____ 312.

3. Può mandare quel documento all'avvocato con il _____, Signora.

4. Si prega di lasciare un messaggio dopo il _____ _____.

5. Avete raggiunto gli uffici delle Società Telefonica Vodafone. Risponde l(a)'_____ numero 54.

The mail

la busta	*envelope*
la cassetta delle lettere	*mailbox*
la consegna	*delivery*
il corriere (m. and f.)	*courier*
il destinatario	*recipient*
il francobollo / la marca da bollo / il timbro	*stamp*
la lettera	*letter*
il mittente	*sender*

il pacco	*package; packet*
il, la portalettere; i portalettere	*mail carrier*
la posta	*mail*
[la] posta aerea	*air mail*
l(o)'ufficio postale	*post office*

Ci vuole un francobollo da €1,50.	*You need a €1.50 stamp.*
Ho messo la lettera nella cassetta delle lettere.	*I put the letter in the mailbox.*

ESERCIZIO 13·7

Complete the following sentences by choosing from the words listed above. Some sentences require the use of a **preposizione articolata**. *The preposition required is suggested in parentheses.*

1. Il corriere garantisce _____ del pacco entro le 12 di domani.

2. Il francobollo si incolla _____ _____. (**su**)

3. Sul francobollo mancava _____ dell'ufficio postale.

4. La cartolina viene imbucata _____ _____ _____
_____. (**in**)

5. Le lettere vengono consegnate _____ _____. (**da**)

Communicating

comporre/fare il numero	*to dial*
firmare	*to sign*
mandare	*to send*
mandare un fax	*to fax*
restare in linea; attendere [in linea]	*to hold*
riattaccare	*to hang up*
ricevere	*to receive*
richiamare	*to call again*
spedire	*to mail; to ship*
squillare	*to ring*

Il telefono ha squillato per mezz'ora.	*The telephone rang for half an hour.*
Devi aver fatto il numero sbagliato.	*You must've dialed the wrong number.*

ESERCIZIO 13·8

In the following sentences, replace the words in parentheses with the appropriate verb from those listed above.

1. Devi (mettere il tuo nome) _____ nello spazio indicato.

2. Hai (chiamato) _____ a tua figlia?

3. Il telefono (suona) _____ da dieci minuti.

4. Hai detto a Laura di (telefonare un'altra volta) _____?

5. Non (mettere giù la cornetta del telefono) _____! Non ti ho detto tutto!

6. Può (aspettare al telefono) _____ _____ _____, Signore?

Describing communications and time at work

al lavoro	at work
al telefono	on the phone
è caduta la linea	be cut off
fragile	fragile
in attesa	on hold
in ferie; in vacanza	on vacation
in linea	online
in mutua	on sick leave
in permesso	(to take) time off
in stanza	at one's desk
in ufficio	at the office
per posta	by mail
per telefono	by phone
urgente	urgent

Non è in stanza. Vuole lasciare un messaggio?	She's not at her desk. Do you want to leave a message?
Marina si è messa in mutua.	Marina called in sick.

ESERCIZIO
13·9

Complete the following sentences with a synonym that conveys the same idea expressed in each of the situations described below.

1. Sul pacco c'è scritto di fare attenzione. → Il contenuto è _____.

2. Il tuo collega non viene in ufficio perché ha l'influenza. → È _____ _____.

3. Il tuo direttore vuole che tu lo richiami non appena possibile. → È un messaggio _____.

4. La tua collega vuole andare a riposarsi al mare. → Vuole andare _____ _____.

5. La maestra di tuo figlio ti ha cercato nella ditta dove lavori. → Sei _____ _____.

6. Chiami una ditta per ordinare dei prodotti per l'ufficio. → Li ordini _____ _____.

Banking

Modern banking was invented in Italy in the late Middle Ages, as witnessed by many words, starting with *bank* which is related to the Italian word **banco** (*bench*). In the last twenty years average citizens have begun to abandon traditional saving practices in favor of investing in the stock market. As a consequence, in Italian newspapers and websites you will find English words such as *derivatives*, *futures*, *stock options*, and *insider trading*.

Several terms relevant to financial and banking operations (*to buy, to sell, cost, price*, etc.) have already been listed in Unit 6.

gli affari (pl.); **il business** (sing.) / **l(a)'attività**	*business*
l(o, a)'agente di borsa	*trader*
l(o, a)'analista [finanziario]	*(financial) analyst*
l(a)'azione	*share*
l(o, a)'azionista	*shareholder; stockholder*
il capitale	*capital*
il crollo; il crac	*crash; crack*
la dichiarazione dei redditi	*tax return*
il dividendo	*dividend*
la finanza (sing.)	*finance*
il guadagno; i profitti (pl.); **le entrate** (pl.)	*earnings*
l(o)'imbroglio	*rip-off*
l(o)'insider trading	*insider trading*
l(o)'investimento	*investment*
l(o)'investitore (m. and f.)	*investor*
il listino di borsa / la borsa (valori)	*stock exchange (list)*
l'obbligazione; il titolo	*bond*
le perdita	*loss*
la prestazione; la performance	*performance*
il profitto; il rendimento	*profit; return*
il rischio	*risk*
la speculazione	*speculation*
il tasso di interesse	*interest rate*

La nostra azienda è quotata in borsa.	*Our firm is listed on the stock exchange.*
Gli azionisti non approvarono il bilancio.	*The shareholders didn't approve the budget.*
Il nonno investe solo in titoli di stato.	*Grandpa invests only in state bonds.*

ESERCIZIO

13·10

In the following series, mark the word that does not belong.

1. a. i profitti b. i dividendi c. gli investimenti d. l'imbroglio

2. a. l'analista b. il crac c. le perdite d. il rischio

3. a. il business b. la finanza c. la prestazione d. la dichiarazione dei redditi

4. a. il rischio b. il capitale c. l'agente di borsa d. il rendimento

Investing

finanziare	*to finance*
giocare in borsa (aux. **avere**)	*to play the stock market*
guadagnare	*to earn; to gain*
investire	*to invest*
perdere	*to lose*
rendere	*to return; to yield*
rischiare	*to risk*
scommettere	*to bet*
speculare (aux. **avere**)	*to speculate*

Lucia ha investito bene i suoi risparmi.	*Lucia invested her savings well.*
Quanto ha reso quel fondo?	*How much did that investment fund yield?*

Answer the following questions with full sentences.

EXAMPLE I tuoi titoli di stato hanno reso il 3 per cento. Hanno reso molto o poco?

Hanno reso poco.

1. Delle azioni che hanno reso il 5 per cento hanno reso molto o poco?

_____

2. Fornisci il capitale di rischio per un nuovo business. Lo stai finanziando o stai speculando?

_____

3. Hai preso in prestito 20.000 euro per giocare in borsa. Stai rischiando?

_____

4. Quando il prezzo del petrolio sale del 30 per cento in due giorni, qualcuno sta speculando?

_____

5. Se hai investito 50.000 euro e dopo sei mesi nei hai 55.000, hai avuto un profitto o una perdita?

_____

Banking transactions

l(o)'accredito; il credito	*credit*
la banca	*bank*
il banchiere (m. and f.)	*banker*
il bilancio; il budget	*budget*
il cambio	*exchange*
il conto	*account*
il debito	*debt*

il deposito	*deposit*
il dollaro	*dollar*
l(o)'estratto conto	*statement*
l(o)'euro	*euro*
l(o)'impiegato di banca	*bank employee; bank clerk*
la percentuale	*percentage*
il prelievo	*withdrawal*
il prestito	*loan*
i risparmi (pl.)	*savings*
il saldo; la bilancia	*balance*
la valuta	*currency*

Vorrei cambiare 100 euro in dollari.	*I'd like to change 100 euro to dollars.*
Le spese sul conto sono del 2 per cento.	*Account charges are 2 percent.*

ESERCIZIO 13·12

Match the first part of each sentence on the left with the appropriate complementary part among those listed on the right.

1. Ho fatto un prelievo ieri _____   a. alla ditta.

2. Il mio conto in banca rende _____   b. a prelevare dei soldi?

3. La banca ha concesso un prestito _____   c. dal nostro conto.

4. Puoi passare al bancomat _____   d. i suoi risparmi?

5. Signora, come vuole investire _____   e. il 2 per cento!

6. Vuole il deposito automatico dello stipendio _____   f. sul suo conto?

Verbs

accreditare; versare	*to credit*
addebitare; prelevare	*to withdraw*
andare in / fare bancarotta; fallire	*to go bankrupt*
cambiare (i soldi)	*to (ex)change (money)*
depositare; versare	*to deposit*
girare	*to endorse*
imprestare; dare in prestito	*to loan*
prendere a/in prestito	*to borrow; to take out a loan*
risparmiare; fare economia	*to save*

La rata del mutuo viene addebitata sul mio conto.	*The mortgage payment is withdrawn from my checking account.*
Maria ha preso in prestito 3.000 euro.	*Maria took out a 3,000 euro loan.*

In the following sentences replace the words in parentheses with the appropriate verb from those listed above. Use the present indicative or the present perfect.

1. Abbiamo (ottenuto) _____ _____ _____ dei soldi dalla banca per comprare la casa.

2. (Diamo) _____ 10.000 euro al nostro amico che ce li restituisce fra un anno.

3. I miei zii hanno (dovuto chiudere la ditta) _____ _____ perché avevano troppi debiti.

4. La mamma è andata in banca a (vendere dei dollari e comprare degli euro) _____ _____ _____.

5. Ogni mese la mia amica Marta (guadagna 2.000 euro, ma ne spende solo 1.500) _____!

6. Marina va in banca a (prendere) _____ 500 euro dal conto.

The economy

l(a)'azienda; la società; la ditta	company; firm
il benessere	affluence
il capitalismo	capitalism
la catena di montaggio	assembly line
il commercio	commerce; trade
la concorrenza	competition
la crisi	crisis
la domanda (sing.)	demand
l(a)'economia (sing.)	economy; economics
la fabbrica	factory
l(a)'industria (sing.) / il settore industriale	industry; industrial sector
il monopolio	monopoly
la multinazionale	multinational company
il padrone / la padrona	owner; boss
l(a)'offerta (sing.)	supply
la povertà	poverty
la produttività	productivity
la ricchezza	wealth
la società per azioni (S.p.A.); la corporation	corporation
il socio (in affari)	business partner
il sottosviluppo	underdevelopment
lo sviluppo	development
l'uomo d'affari / la donna d'affari	businessman/businesswoman

La sua azienda ha fatto fallimento.	His firm went bankrupt.
Adesso alla catena di montaggio ci sono i robot.	Nowadays there are robots on the assembly line.

Complete the following sentences by choosing from the words listed above.

1. Gli operai lavorano in _____.

2. Ho una ditta con tre altri _____.

3. I _____ portano alla crescita dei prezzi.

4. Mia madre è padrona di una ditta: è una _____ _____.

5. Quando la _____ sale i salari e gli stipendi crescono.

6. Si usano i _____ alla catena di montaggio.

7. Una _____ ha fabbriche e uffici in vari paesi.

Describing the economy

arretrato	backward; underdeveloped
benestante	well-off
economico	economic; economical
efficiente	efficient
in via di sviluppo	developing
inefficiente	inefficient
inutile	useless
no-profit; nonprofit	nonprofit; not for profit
povero	poor
privato	private
pubblico; statale	public; government-related
ricco	rich; wealthy
utile	useful

*Decide if the following statements are true (**T**) or false (**F**).*

1. L'Italia è un paese arretrato. _____

2. Haiti è un paese arretrato. _____

3. È meglio essere poveri che benestanti. _____

4. È meglio essere efficienti che inefficienti. _____

5. Gli Stati Uniti non hanno un settore nonprofit. _____

6. Il Vietnam è un paese in via di sviluppo. _____

Trade

esportare	*to export*
fabbricare; fare	*to make*
fornire	*to supply*
gestire; dirigere	*to manage*
importare	*to import*
privatizzare	*to privatize*
produrre	*to produce*
scambiare; commerciare	*to trade*
usare; utilizzare	*to use*

Il dottor Pini dirige bene la ditta.	*Dr. Pini manages the company well.*
Il paese importa più di quanto esporta.	*The country imports more than it exports.*

ESERCIZIO 13·16

Answer the following questions by choosing from the options given below each of them.

1. Che paese esporta petrolio?
   a. l'Italia   b. la Francia   c. l'Arabia Saudita

2. Che paese esporta scarpe, abiti e mobili?
   a. la Grecia   b. l'Italia   c. l'Iran

3. Chi fabbrica delle ottime automobili?
   a. il Giappone   b. la Russia   c. l'India

4. Chi ha il compito di ridistribuire le risorse di un paese?
   a. l'ONU   b. lo stato   c. il Fondo Monetario Internazionale

Government, politics, and society

Italy has been a Republic since 1946, after the fall of Mussolini's fascist regime and the end of World War II. Its government, like the American one, is based on the separation of the legislative, executive, and judicial powers. But its political system and culture are very different: Italy is a country of many parties which give voice to the many souls of the Italian people. Political participation is intense, which makes governing harder.

l(o, a)'abitante	*inhabitant*
la bandiera	*flag*
la carta d'identità, le carte di identità	*identity card*
la cittadinanza	*citizenship*
il cittadino	*citizen*
la frontiera	*frontier*
l(o, a)'immigrante	*immigrant*
il patriottismo	*patriotism*
il permesso di soggiorno	*residence permit*
la popolazione	*population*
il popolo / la nazione	*people*
lo stato	*state*
lo stato nazionale	*nation-state*
lo straniero	*foreigner*

La bandiera italiana è verde, bianca e rossa.	*The Italian flag is green, white, and red.*
Sei di cittadinanza italiana?	*Do you have Italian citizenship?*

ESERCIZIO

14·1

Complete the following sentences by choosing from the words listed above.

1. La _____ americana è a stelle e strisce.

2. Per abitare legalmente in Italia, bisogna avere
   il _____ _____ _____.

3. Se sei nato in Canada, hai la _____ canadese.

4. Quando si va in un altro stato si passa la _____.

5. Se vieni a lavorare in Italia dal Congo sei un _____.

6. Una persona che viene da un altro paese è uno _____.

Government institutions

la burocrazia	bureaucracy
il consiglio dei ministri	council of ministers; cabinet
il comune	city; town; municipality
la camera dei deputati	chamber of deputies; house of representatives
la costituzione	constitution
la democrazia	democracy
la dittatura	dictatorship
il governo	government
l(a)'istituzione	institution
il ministero	ministry
la monarchia	monarchy
il parlamento	parliament
la provincia	province
la regione	region
la repubblica	republic
il senato	senate
lo stato assistenziale; il welfare	welfare state

L'Italia è divisa in 21 regioni.
La Costituzione è la legge fondamentale dello stato.

Italy is divided into 21 regions.
The Constitution is the fundamental law of the state.

ESERCIZIO 14·2

In the following series, mark the word that does not belong.

1. a. la monarchia b. la repubblica c. la dittatura d. la provincia

2. a. lo stato assistenziale b. il parlamento c. la camera dei deputati d. il senato

3. a. il comune b. la provincia c. il ministero d. la regione

4. a. il governo b. il comune c. il parlamento d. il consiglio dei ministri

---

Government officials

l(a)'autorità	authority
il deputato; il, la parlamentare; il, la rappresentante	representative (in Congress); member of Parliament
il funzionario (m. and f.) / la funzionaria (dello stato)	civil servant
il governatore	governor
il, la leader; i, le leader(s)	leader
il ministro / la ministra	minister; secretary
il presidente	president
il primo ministro (m. and f.); il, la premier	prime minister
il principe / la principessa	prince/princess
il re / la regina	king/queen

il senatore / la senatrice	senator
il sindaco (m. and f.)	mayor

Alla sfilata sono intervenute le autorità.
È una funzionaria della regione
   delle Marche.

The authorities came to the parade.
She is a civil servant for the Marche region.

ESERCIZIO
14·3

Complete the following sentences by choosing from the words listed above.

1. I membri del Parlamento sono i _____ e i _____.

2. In Italia, il capo del governo è il _____ _____.

3. In una monarchia, il _____ o la _____ è il capo dello stato.

4. In una repubblica, il capo dello stato è il _____.

5. La maggiore autorità in un comune è il _____.

ESERCIZIO
14·4

*Answer yes (**Y**) or no (**N**) to the following questions.*

1. I deputati costituiscono il senato? _____

2. I funzionari dello stato lavorano nella burocrazia? _____

3. Il primo ministro è il capo del governo? _____

4. La Gran Bretagna è una repubblica? _____

5. Se non sei nato negli Stati Uniti, puoi diventare presidente? _____

6. Una regina è una funzionaria della burocrazia? _____

Governing

il consenso	consensus; consent
la corruzione	corruption
il dissenso	dissent
la leadership	leadership
la legittimità	legitimacy
la maggioranza	majority
la minoranza	minority
l(a)'opposizione	opposition
la politica (sing.)	politics
il provvedimento / i provvedimenti; le politiche	policy

la questione / il problema, i problemi	*issue*
la riforma	*reform*
lo scandalo	*scandal*

Non si governa senza maggioranza.	*You can't govern without the majority.*
Le nuove politiche fiscali sono impopolari.	*The new fiscal policies are unpopular.*

ESERCIZIO

14·5

Match the first part of each sentence on the left with the appropriate complementary part on the right.

1. Il consenso dei cittadini è essenziale _____

2. Il Ministro della Difesa ha dato _____

3. Il nuovo governo ha promesso di fare _____

4. L'opposizione ha votato _____

5. La portavoce del Primo Ministro _____

a. la riforma delle pensioni.

b. ha fatto una conferenza stampa.

c. contro la legge sull'immigrazione.

d. le dimissioni a causa di uno scandalo.

e. per governare in democrazia.

Verbs

approvare	*to approve*
dimostrare (contro) (aux. **avere**)	*to demonstrate against*
eleggere	*to elect*
governare	*to govern; to rule*
impadronirsi di	*to take over*
partecipare (a) (aux. **avere**)	*to participate (in)*
passare una legge	*to pass a bill*
presentarsi candidato (a)	*to run (for)*
protestare (contro) (aux. **avere**)	*to protest (against)*
votare (per/contro) (aux. **avere**)	*to vote (for/against)*

Mia sorella si presenta candidata al Senato.	*My sister will run for a seat in the Senate.*
Milioni di persone hanno dimostrato contro la guerra.	*Millions of people demonstrated against the war.*

ESERCIZIO

14·6

Provide the verb that conveys the ideas expressed in the following sentences. Use the infinitive.

1. Cercare di farsi eleggere a una carica pubblica. _____

2. Dare il proprio consenso a una politica, una legge o un provvedimento. _____

3. Esprimere con forza la propria opinione contro una legge o un provvedimento. _____

4. Essere un cittadino attivo che vota alle elezioni, esprime le proprie opinioni, ecc. _____

5. Scegliere una persona per una carica attraverso una votazione. _____

Describing government

a favore (di)	*in favor (of)*
carismatico	*charismatic*
civile	*civil*
contrario (a)	*opposed (to)*
dittatoriale	*dictatorial*
domestico; interno	*domestic*
favorevole (a)	*favorable (to)*
internazionale; estero	*foreign*
politico; di parte	*political*
pubblico	*public*
statale	*government-related; state-related*

I deputati hanno espresso voto contrario.

The members of the Chamber of Deputies voted against.

È una in gamba, ma non è carismatica.

She's capable, but she isn't charismatic.

ESERCIZIO
14·7

Replace the words in parentheses in the following sentences with the appropriate qualifier from those listed above.

1. I deputati hanno votato (per) _____ la legge che stabilisce il salario minimo.

2. Il governo del generale Pinochet è stato per molti anni un governo (che non permetteva libere elezioni o la libertà di stampa, di parola, di assemblea, ecc.) _____.

3. Il governo inglese (non) è (a favore dell') _____ _____euro.

4. In Italia, l'assistenza medica è un servizio (gestito dallo stato) _____.

5. La decisione di intervenire in Iraq è una questione (che va al di là dei confini del paese) _____.

Elections

la campagna	*campaign*
il candidato	*candidate*
il dibattito	*debate*
l(o)'elettore/l(a)'elettrice	*voter*
l(a)'elezione	*election*
le primarie (pl.)	*primaries*
il referendum	*referendum*
la scheda; la votazione	*ballot*
il seggio [elettorale]	*polling station*
il seggio [in parlamento]	*seat*
il sondaggio post-elettorale; l(o)'exit poll	*exit poll*
il voto / la votazione	*vote*

Chi ha vinto le elezioni?   *Who won the elections?*
Il mio seggio è alla scuola media.   *My polling station is at the middle school.*

Complete the following passage with the appropriate words.

Con la nomina a speaker della Camera dei (1) _____, Nancy Pelosi diventa una delle (2) _____ di origine (3) _____ che si sono affermate in (4) _____. La sua recente (5) _____ nel distretto no. 8 della California con l'80 per cento dei (6) _____ dimostra la sua popolarità. Come speaker, Nancy Pelosi può definire l'agenda dei dibattiti e assegnare le proposte di (7) _____ alle commissioni della Camera. Questo significa che potrà bloccare una (8) _____, oppure facilitarne l'approvazione assegnandola ad una commissione favorevole. Nancy Pelosi è attiva da anni in campo democratico in tutti i settori, ma la sua battaglia principale è legata ai (9) _____ civili.

Political ideologies

la base [del partito]	(political) base; rank and file
il centro (sing.)	center
la destra	right
l(a)'eguaglianza (sing.); l'uguaglianza (sing.)	equality
la giustizia; l(a)'equità	fairness
l(a)'ideologia	ideology
la libertà	freedom; liberty
l(a)'opinione pubblica	public opinion
il partito	(political) party
la sinistra	left
l(a)'unione	union

Il centro ha sempre dominato la politica italiana.	The center has always dominated Italian politics.
La base del partito ha scelto un nuovo segretario.	The rank and file chose a new party secretary.

In both Italian and English most words referring to ideologies end in **-ismo** (*-ism*): **populismo** (*populism*), **liberalismo** (*liberalism*), etc. We can also form nouns and adjectives by modifying a noun with **-ismo**: **il populismo** → **il, la popul-ista** (*popul-ist).*

From **democrazia** (*democracy*), though, comes the adjective and noun **[il] democratico** (*democratic; democrat*). *Nazi* translates to **nazista**, and *nazism* to **nazismo**.

*Add **-ismo** then **-ista** to the following words. Translate them into English.*

1. centr-o _____

2. comun-e _____

3. estrem-o _____

4. fasci-o _____

5. femmin-ile _____

6. fondamental-e _____

7. progress-o _____

8. social-e _____

ESERCIZIO
14·10

Add **-ismo** to the following words and translate them into English.

1. anarch-ia _____

2. conservator-e _____

3. liberal-e _____

4. local-e _____

5. moderat-o _____

6. radical-e _____

Civil rights

Italians are vocal participants in the movements and debates that characterize civil society: in favor of and against abortion, gay marriage, stem cell research, the environment, and so forth. They work in volunteer organizations in great numbers. One issue seems to find them overwhelmingly in agreement: their opposition to the death penalty.

la classe media	*middle class*
la classe operaia	*working class*
la comunità	*community*
la dimostrazione	*demonstration*
la discriminazione	*discrimination*
la diversità (sing.)	*diversity*
l(a)'intolleranza	*intolerance*
le masse (pl.)	*masses*
la minoranza etnica	*ethnic minority*
il movimento antiglobalizzazione/ antiglobal	*antiglobal(ization) movement*
la privacy	*privacy*
il razzismo	*racism*
il, la senzatetto, i senzatetto (m. and f.)	*homeless person*
la società civile	*civil society*
la solidarietà	*solidarity*
la tolleranza	*tolerance*
la tradizione	*tradition*

il valore	*value*
il volontario	*volunteer*

Hanno aperto un rifugio per i senzatetto.	*They opened a shelter for the homeless.*
La tolleranza è un valore nelle democrazie.	*Tolerance is a value in democracies.*

Throughout this book we have encountered adjectives ending in **-ale** (*-al* in English), which convey the meaning *pertaining to*, or *typical of*. These adjectives are formed by adding that suffix to certain nouns:

la costituzione (*constitution*) → **costituzionale** (*constitutional*)
il sesso (*sex*) → **sessuale, transessuale, asessuale**, etc. (*sexual, transsexual, asexual*)
la nazione (*nation*) → **nazionale** (*national*)

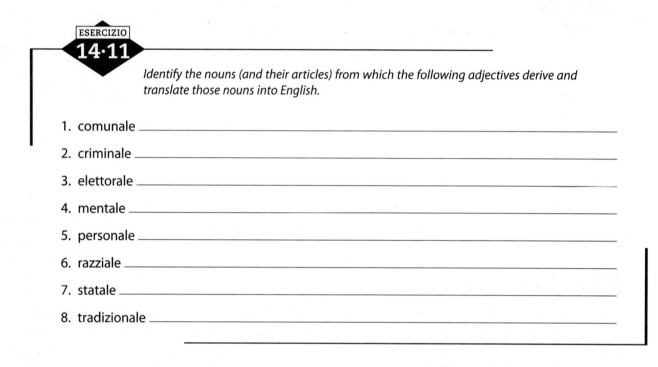

ESERCIZIO
14·11

Identify the nouns (and their articles) from which the following adjectives derive and translate those nouns into English.

1. comunale _____

2. criminale _____

3. elettorale _____

4. mentale _____

5. personale _____

6. razziale _____

7. statale _____

8. tradizionale _____

Crime

In Italy, the most serious offenses are committed by organized crime: the **camorra**, active in Naples and its surroundings, and the **mafia**, more active in Sicily. Apart from a wave of kidnappings for ransom between the 1970s and the 1990s, Italy was otherwise a country of petty crimes, rarely carried out by people with weapons. More recently, criminal activities (trafficking of women and children as slave labor, forced prostitution, robberies, thefts, and so forth) have been growing together with the increase in immigrant population. But crimes of passion committed by family members are also on the rise.

l(o)'abuso	*abuse*
il crimine organizzato	*organized crime*
il delitto	*crime*
il furto d'identità	*identity theft*
il ladro	*thief*
il mafioso	*mafioso*
la molestia	*harassment*
l(o, a)'omicida, gli omicidi; l(o)'assassino	*murderer*

l(o)'omicidio	*murder*
la pornografia	*pornography*
il rapinatore, la rapinatrice	*robber*
il riciclaggio di denaro sporco	*money laundering*
il riscatto	*ransom*
lo stupratore (m.)	*rapist*
lo stupro	*rape*
il traffico	*traffic; trafficking*
la vittima	*victim*

Ho inoltrato un reclamo contro il mio capo per molestie sessuali.	*I filed a complaint against my boss for sexual harassment.*
Hanno identificato l'assassino grazie all'esame del DNA.	*They identified the murderer thanks to a DNA test.*

ESERCIZIO
14·12

Complete the following sentences by choosing from the words listed below each item.

1. Il _____ è entrato in casa dalla finestra.
   a. ladro   b. mafioso   c. stupratore

2. L'Internet ha reso molto più facile il _____.
   a. traffico di bambini   b. furto d'identità   c. delitto

3. Spesso lo _____ è una membro della famiglia della vittima.
   a. mafioso   b. rapinatore   c. stupratore

4. Non si può giustificare la _____ che usa i bambini.
   a. pornografia   b. molestia   c. abuso

5. Quel famoso businessman è diventato ricco grazie al _____.
   a. riscatto   b. riciclaggio di   c. furto di identità
                          denaro sporco

Committing crimes

commettere un omicidio	*to murder*
corrompere	*to bribe*
danneggiare; fare del male (a)	*to harm*
denunciare	*to turn in*
evadere	*to escape*
molestare	*to harass*
rapinare; derubare (qualcuno)	*to rob (a person)*
rapire; sequestrare	*to kidnap*
rubare (qualcosa a qualcuno)	*to steal (something from someone)*
sospettare	*to suspect*
stuprare	*to rape*

Fermatelo! Mi ha derubato!	*Stop him! He robbed me!*
Fermatelo! Mi ha rubato il portafoglio!	*Stop him! He stole my wallet!*

Provide the verb that defines the actions described in the first part of each of the following sentences.

1. Se qualcuno preleva dei soldi dal conto di un altro senza il suo consenso, lo _____.

2. Se sai che qualcuno ha commesso un reato e vai alla polizia, lo _____.

3. Se si causa la morte di un'altra persona volontariamente, si _____.

4. Se il direttore cerca di obbligare la segretaria ad avere una relazione con lui, la _____.

5. Se un gruppo tiene prigioniera una persona per ottenere dei soldi, l'ha _____.

The criminal justice system

The Italian legal and judicial system, based on codified law derived from Roman law, is very different from the American one. Criminal investigations are led by a magistrate overseeing the **Polizia Giudiziaria** (*police*), with help from the **Carabinieri**, a military police corps, and the **Guardia di Finanza** (*Customs and Border Police*).

l(a)'accusa (sing.)	*prosecution*
l(o)'avvocato (m. and f.)	*lawyer*
il carcere	*jail*
il commissario (m.and f.); **l(o)'ispettore/ l(a)'ispettrice (di polizia)**	*(police) detective; inspector*
il, la complice	*accomplice*
il, la criminale; il, la delinquente	*criminal*
la difesa (sing.)	*defense*
il diritto	*right*
il dovere	*duty; obligation*
l(o)'ergastolo; la condanna a vita	*life sentence*
l(a)'evidenza, la prova	*evidence; proof*
il giudice (m.and f.)	*judge*
la giuria	*jury*
la giustizia	*justice*
l(a)'inchiesta; l(a)'investigazione	*investigation*
l(a)'ingiustizia	*unjust/unfair deed*
la legge	*law*
la pena di morte	*death penalty*
il poliziotto (m. and f.) / **la poliziotta** (rare)	*police officer*
il processo	*trial*
il sospettato	*suspect*
il sospetto	*suspicion*
il, la testimone	*witness*
il tribunale / la corte	*court*

L'Italia non ha la pena di morte.	*Italy doesn't have the death penalty.*
La giuria l'ha dichiarato innocente.	*The jury acquitted him.*
La testimone ha mentito in tribunale.	*The witness lied in court.*

The components of the following sentences have been assembled incorrectly. Find the right sequence.

1. I poliziotti non hanno convinto la giuria.

_____

2. In Italia la testimone è protetta dalla polizia.

_____

3. Le prove presentate dall'accusa hanno arrestato il sospettato.

_____

4. Non ha un soldo: non esiste la pena di morte.

_____

5. Per paura della mafia, non può prendersi un avvocato.

_____

Prosecuting criminals

accusare	to charge
arrestare	to arrest
assolvere	to acquit
confessare	to confess
difendere	to defend
essere colpa di qualcuno	to be someone's fault
fare causa (a)	to sue
permettere	to permit; to allow
processare	to try
proibire	to forbid
rilasciare	to release

Non è colpa mia se i ladri sono entrati nel magazzino!	It's not my fault if the robbers broke into the warehouse!
Il giudice lo ha condannato a trent'anni.	The judge sentenced him to thirty years.

Provide the verbs defined in the sentences listed below. Use the infinitive.

1. Ammettere con il giudice di aver commesso un reato. _____

2. Consentire a qualcuno di fare qualcosa. _____

3. Decidere che una persona è innocente. _____

4. Liberare una persona dopo averla sospettata ingiustamente. _____

5. Mettere qualcuno in carcere. _____

International relations and war

gli affari internazionali/esteri (pl.)	foreign affairs
l(o)'ambasciatore (m. and f.) /	
l(a)'ambasciatrice	ambassador
la battaglia	battle
il colonialismo	colonialism
il colpo di stato; il golpe	coup d'état
il console (m. and f.)	consul
la diplomazia	diplomacy
il disarmo	disarmament
la forza	force
il genocidio	genocide
la guerra	war
la guerriglia	guerrilla war
l(o)'imperialismo	imperialism
le informazioni (pl.); l(a)'intelligence	intelligence
il nemico	enemy; foe
l(o)'olocausto	holocaust
la pace	peace
il pericolo	danger; hazard
il potere / la potenza	power
la pulizia etnica	ethnic cleansing
la sconfitta	defeat
la sicurezza (sing. in this context)	security
la spia	spy
la strategia	strategy
la tattica	tactic
il, la terrorista	terrorist
la violenza	violence
la vittoria	victory

Il terrorismo è una forma di guerra non convenzionale.	Terrorism is a nonconventional kind of war.
Che differenza c'è tra genocidio e pulizia etnica?	What's the difference between genocide and ethnic cleansing?

ESERCIZIO
14·16

In the following series, mark the word that does not belong.

1. a. il battaglia   b. la guerra   c. la forza   d. le informazioni

2. a. il terrorista   b. il nemico   c. la tattica   d. la spia

3. a. la vittoria   b. l'olocausto   c. il genocidio   d. la pulizia etnica

4. a. il golpe   b. il colonialismo   c. l'imperialismo   d. la pace

5. a. la violenza   b. la battaglia   c. la strategia   d. la guerriglia

Waging war

arrendersi (a)	to surrender (to)
catturare	to capture
combattere	to fight; to combat
dirottare	to hijack
fare la guerra	to wage war
fare la pace	to make peace
ferire	to wound
obbedire (a) (aux. avere)	to obey
prendere/tenere in ostaggio	to hold hostage
proteggere	to protect
sconfiggere	to defeat
soffrire la fame	to starve
sopravvivere	to survive
torturare	to torture
tradire	to betray
uccidere	to kill

Il nemico si è arreso.	The enemy surrendered.
Hanno dirottato un aereo.	They hijacked an airplane.

ESERCIZIO
14·17

Complete the following sentences choosing among the verbs listed above.

1. Fare la guerra è l'opposto di _____ .

2. I soldati devono _____ agli ordini.

3. Quando il nemico riesce a farti del male, ma non a ucciderti, ti ha _____ .

4. Quando prendi dei nemici prigionieri li _____ .

5. Quando riveli al nemico dei segreti di stato _____ il paese.

6. Quando vieni sconfitto ti _____ .

Weapons and combatants

l(a)'arma, le armi	weapon
l(a)'arma di distruzione di massa	weapon of mass destruction
la bomba	bomb
l(o)'esercito	army
la flotta	fleet
le forze armate (pl.)	military
il fucile	rifle
il generale (m. and f.)	general
il missile	missile
la mitragliatrice	machine gun
la pistola	pistol; gun

il soldato / la soldatessa	*soldier*
la testata nucleare	*nuclear warhead*
la trafficante d(i)'armi	*arms dealer*
l(o)'ufficiale (m. and f.)	*officer; official*

Le armi chimiche sono armi di distruzione di massa.	*Chemical weapons are weapons of mass destruction.*
Hanno arrestato il trafficante d'armi.	*They arrested the arms dealer.*

ESERCIZIO

14·18

Match each noun on the left with the most plausible complementary noun among those listed on the right.

1. il missile _____   a. i soldati

2. l'ufficiale _____   b. il generale

3. la flotta _____   c. la nave

4. le forze armate _____   d. le mitragliatrici

5. le pistole _____   e. le testate nucleari

Human rights and international aid

l(o)'aiuto	*aid*
l(o)'asilo (politico)	*(political) asylum*
la carestia	*famine*
i diritti umani (pl.)	*human rights*
l(a)'emergenza	*emergency*
l(a)'evacuazione	*evacuation*
il pacifismo	*pacifism*
il rifugiato; lo sfollato	*refugee*
la schiavitù	*slavery*
il soccorso	*relief*
la tortura	*torture*
la violazione	*violation*

I rifugiati hanno ottenuto asilo politico.	*The refugees were granted political asylum.*
Sto scrivendo un libro sui diritti umani.	*I'm writing a book on human rights.*

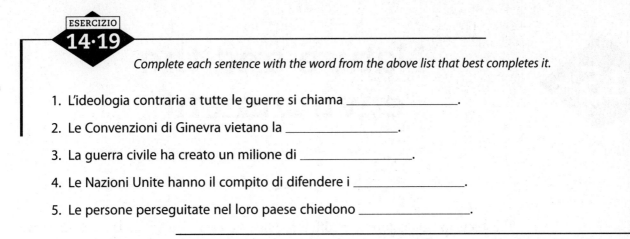

Complete each sentence with the word from the above list that best completes it.

1. L'ideologia contraria a tutte le guerre si chiama _____.

2. Le Convenzioni di Ginevra vietano la _____.

3. La guerra civile ha creato un milione di _____.

4. Le Nazioni Unite hanno il compito di difendere i _____.

5. Le persone perseguitate nel loro paese chiedono _____.

Nature and the environment

The ancients understood the difference between stars and planets, and they gave us the names of the planets of the solar system, which they believed had a motionless Earth at its center. Italian astronomers and scientists, Galileo in particular, played a key role in revolutionizing that interpretation and giving us the image of the universe which we now take for granted.

l(a)'astronomia	*astronomy*
il cannocchiale; il telescopio	*telescope*
la cometa	*comet*
la galassia	*galaxy*
Giove	*Jupiter*
la luna; la Luna	*moon; Moon*
Marte	*Mars*
la massa	*mass*
la materia	*matter*
Mercurio	*Mercury*
il meteorite	*meteorite*
Nettuno	*Neptune*
il pianeta, i pianeti	*planet*
Plutone (pianeta mamo)	*Pluto (dwarf planet)*
Saturno	*Saturn*
il sistema solare	*solar system*
il sole; il Sole	*sun; Sun*
lo spazio	*space*
la terra; la Terra	*earth; Earth*
l'universo	*universe*
Urano	*Uranus*
Venere	*Venus*
il vuoto	*vacuum*

Un meteorite causò l'estinzione dei dinosauri.	*A meteorite led to the extinction of the dinosaurs.*
C'è luna piena stanotte.	*There will be a full moon, tonight.*

Write the names of the planets according to their distance from the Sun, beginning with the closest.

1. _____

2. _____

3. _____

4. _____

5. _____

6. _____

7. _____

8. _____

Complete the following passage about the solar system with the appropriate words from the above list.

Il (1) _____ è al centro del sistema solare, che si trova nella (2) _____ chiamata Via Lattea. Il (3) _____ _____ ha otto (4) _____ (gli scienziati hanno deciso nel 2006 che Plutone non è più un (5) _____). Alcuni pianeti hanno dei (6) _____: la Terra ha la (7) _____, Giove ha sessantatré (8) _____. Quattro di loro sono chiamati le (9) _____ di (10) _____. Furono scoperte da Galileo grazie ad un nuovo strumento, il (11) _____. (12) _____ è famoso per i suoi anelli.

The earth

l(a)'aria	*air*
l(a)'atmosfera	*atmosphere*
la calotta polare	*polar ice cap*
il cielo	*sky*
l(o)'equatore	*equator*
il globo	*globe*
la latitudine	*latitude*
la longitudine	*longitude*
il meridiano	*meridian*
il parallelo	*parallel*
il polo	*pole*
il tropico	*tropic*

La calotta polare si sta sciogliendo.
L'equatore divide la Terra in due emisferi.

The polar ice cap is melting.
The equator divides the Earth into two hemispheres.

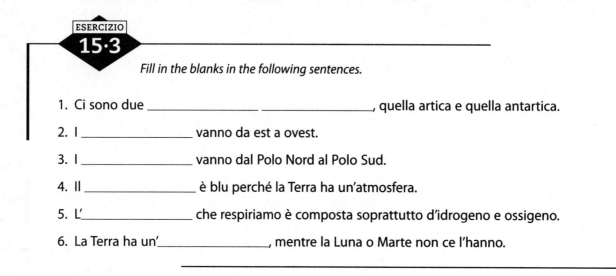

ESERCIZIO
15·3

Fill in the blanks in the following sentences.

1. Ci sono due _____ _____, quella artica e quella antartica.

2. I _____ vanno da est a ovest.

3. I _____ vanno dal Polo Nord al Polo Sud.

4. Il _____ è blu perché la Terra ha un'atmosfera.

5. L'_____ che respiriamo è composta soprattutto d'idrogeno e ossigeno.

6. La Terra ha un'_____, mentre la Luna o Marte non ce l'hanno.

Land and water

l(a)'acqua dolce; l(a)'acqua salata / di mare	*fresh water; salt/sea water*
il canale	*canal; channel*
la cascata	*waterfall*
la collina	*hill*
il continente	*continent*
la costa	*coastline; shoreline*
il fiume	*river*
il ghiacciaio	*glacier*
il golfo	*gulf*
l(o)'iceberg	*iceberg*
l(a)'isola	*island*
il lago	*lake*
il mare	*sea*
la montagna	*mountain*
l(o)'oceano	*ocean*
il passo; il colle	*pass*
la penisola	*peninsula*
la pianura	*plain*
la riva	*bank*
le terra; la terraferma; le terre emerse (pl.)	*land*
la valle	*valley*

Le trote vivono in acqua dolce.
L'Italia ha 7.500 km di costa.

Trout live in fresh water.
Italy has 7,500 km of coastline.

Answer yes (**Y**) or no (**N**) to the following questions.

1. Beviamo l'acqua salata? _____

2. Un iceberg causò l'affondamento del *Titanic*? _____

3. I ghiacciai si stanno sciogliendo? _____

4. Il fiume scorre dal mare verso la montagna? _____

5. Le isole sono collegate alla terraferma? _____

6. Le penisole sono collegate alla terraferma? _____

Climate and weather

l(o)'autunno	*fall; autumn*
il clima	*climate*
l(a)'estate	*summer*
la frana	*landslide*
l(o)'incendio	*wildfire*
l(a)'inondazione	*flood*
l(o)'inverno	*winter*
il maremoto; lo tsunami	*tsunami*
la primavera	*spring*
la siccità	*drought*
la slavina; la valanga	*avalanche*
il solstizio	*solstice*
la stagione	*season*
il tempo	*weather*
il terremoto	*earthquake*
il tifone	*typhoon*
la tromba d'aria; il tornado	*tornado*
l(o)'uragano	*hurricane*
il vulcano	*volcano*

La siccità dura da cinque anni.	*The drought has been going on for five years.*
Era un terremoto di grado 7 sulla scala Richter.	*The earthquake was a magnitude 7 on the Richter scale.*

Match the first part of the sentences on the left with the appropriate conclusion on the right.

1. D'estate _____

2. D'inverno _____

3. Il maremoto ha inondato _____

a. capitano in montagna.

b. è il 20 o il 21 giugno.

c. è il 22 o il 23 settembre.

4. Il solstizio d'estate _____   d. fa caldo.

5. L'equinozio d'autunno _____   e. fa freddo.

6. L'incendio ha distrutto _____   f. il paese di fango.

7. La frana ha coperto _____   g. mezza foresta.

8. Le valanghe _____   h. tre chilometri di costa.

Verbs

aprirsi; rasserenarsi	*to clear (up)*
cadere	*to fall*
eruttare (aux. **avere**)	*to erupt*
gelare (aux. **avere/essere**)	*to freeze*
grandinare (aux. **avere/essere**)	*to hail*
inondare	*to flood*
nevicare (aux. **avere/essere**)	*to snow*
piovere (aux. **avere/essere**)	*to rain*
ripararsi; cercare rifugio	*to take shelter*
salire e scendere	*to ebb and flow*
sciogliere; sciogliersi	*to melt; to thaw*
scorrere; sfociare	*to flow*
sorgere	*to rise*
tramontare	*to set (the sun)*

Il Po sfocia nell'Adriatico.	*The Po River flows into the Adriatic Sea.*
Cade la neve.	*Snow is falling.*

Italian uses several verbs impersonally, including those conveying weather conditions: **piovere** (*to rain*), **nevicare** (*to snow*), **fare caldo/freddo**, etc. (*to be hot/warm/cold*), **importare (a)** (*to matter [to]*), **bisognare** (*to be necessary*), **convenire** (*to be worth[while], to be advantageous/better/easier*). Impersonal verbs are used in the third person singular without any subject. Beware that some verbs can be used personally and impersonally.

accadere (a); succedere (a); capitare (a)	*to happen (to)*
bisognare; occorrere	*to be necessary; to be advisable*
convenire (a)	*to be advantageous*
incominciare	*to begin*
sembrare; parere	*to seem*

Bisogna riparare il telescopio.	*We need to have the telescope repaired.*
È/Ha nevicato.	*It snowed.*
Siamo capitati in un albergo orribile.	*We ended up staying at a horrible hotel.*

ESERCIZIO
15·6

Translate the following sentences into English.

1. Non mi sembra vero.

_____

2. Conviene prendere il treno delle sette.

_____

3. È piovuto per tre notti.

_____

4. Sembra che divorzino.

_____

5. Nevicherà domani.

_____

6. Bisogna parlargli.

_____

7. «È stata punita perché ha detto la verità». «Accade alle persone oneste».

_____

8. Che cosa è successo?

_____

Describing the weather

afoso; umindo	*sultry; hot and humid*
al sole	*in the sun*
all(a)'ombra	*in the shade*
alto	*high; tall*
bagnato	*wet*
basso; poco profondo	*low; shallow*
caldo	*warm*
coperto; nuvoloso	*overcast; cloudy*
est; a est	*east; to the east*
freddo	*cold*
molto caldo; caldissimo	*hot*
nord; a nord	*north; to the north*
ovest; a ovest	*west; to the west*
profondo	*deep*
secco; asciutto	*dry*
sud; a sud	*south; to the south*
temperato	*temperate; mild*
tropicale	*tropical*

Ai gatti piace stare al sole.	*Cats enjoy lying in the sun.*
Il sole tramonta a ovest.	*The sun sets in the west.*

Complete the following sentences.

1. Il cielo è _____. Pioverà.

2. Il clima del deserto è _____.

3. Il clima dell'India meridionale è _____.

4. La Fossa delle Marianne è il punto più _____ dell'oceano.

5. La maggior parte dell'Europa occidentale ha un clima _____.

6. Nel deserto fa _____.

7. Nella foresta tropicale il cima è molto _____.

8. Quando fa molto caldo si sta bene _____.

Forecasting the weather

l(a)'afa; l(a)' umidità	*sultriness; heat and humidity*
l(o)'arcobaleno	*rainbow*
il fulmine	*lightning*
il ghiaccio	*ice*
il grado	*degree*
la grandine	*hail*
la massima	*maximum*
la media	*average*
il meteorologo	*meteorologist*
la minima	*minimum*
la nebbia	*fog*
la neve	*snow*
la nuvola	*cloud*
l(o)'ombra	*shade; shadow*
la pioggia	*rain*
la pressione	*pressure*
la previsione	*forecast*
la temperatura	*temperature*
il temporale; la tempesta	*storm*
il tuono	*thunder*
il vento	*wind*
Le previsioni del tempo dicono che farà nuvolo.	*The weather forecast says it will be cloudy.*
La grandine ha distrutto l'uva.	*The hail storm destroyed the grapes.*

Mark the word that does not belong in each of the following series.

1. a. il ghiaccio   b. la media   c. la minima   d. la massima

2. a. il temporale   b. la grandine   c. il ghiaccio   d. l'arcobaleno

3. a. il fulmine   b. il grado   c. la tempesta   d. il tuono

4. a. il meteorologo   b. l'ombra   c. la previsione   d. la temperatura

5. a. la neve   b. il sole   c. l'ombra   d. l'afa

The environment

The industrial revolution has given us material progress, a longer life span, and pollution. Northern Italy, which is heavily industrialized and shielded from northerly winds by the Alps, is especially affected. But changes in the climate do not bode well for other regions either: desertification is growing in the south, and sea levels may become a greater and greater danger to low-lying lands, and to Venice in particular.

l(o, a)'ambientalista	*environmentalist*
l(o)'ambiente	*environment*
il blackout	*blackout*
il carbone	*coal*
il carburante	*fuel*
la centrale; l'impianto	*plant*
la conservazione	*conservation*
l(a)'ecologia	*ecology*
l(o, a)'ecologista	*ecologist*
l(o)'effetto serra	*greenhouse effect*
l(a)'energia	*energy*
la fonte	*source*
l(o)'inquinamento	*pollution*
il mulino a vento	*windmill*
la natura	*nature*
il pannello solare	*solar panel*
il pesticida, i pesticidi	*pesticide*
il petrolio	*oil*
il riciclaggio	*recycling*
il riscaldamento globale / il surriscaldamento del pianeta	*global warming*
il rumore	*noise*
lo smog	*smog*
lo spreco	*waste*

L'effetto serra causa il surriscaldamento del pianeta.	*The greenhouse effect is causing global warming.*
L'inquinamento da rumore è un problema serio.	*Noise pollution is a serious problem.*

From the words listed above, give those that fit each of the categories below. Turn the noun into the plural when appropriate.

1. le fonti dell'inquinamento:

_____

2. le conseguenze dell'inquinamento:

_____

3. gli strumenti per combattere l'inquinamento:

_____

Describing the environment

acido	*acid*
acustico	*acoustic*
alternativo	*alternative*
ambientale	*environmental*
convenzionale	*conventional*
elettrico	*electric; electrical*
solare	*solar*
sostenibile	*sustainable*

Adjectives ending in *-(a)ble* in English end in **-abile/-ibile** in Italian. They are formed by adding **-abile** to verbs ending in **-are**, and **-ibile** to verbs ending in **-ere** or **-ire**.

affonda-re (*to sink*) → **affond-abile** (*sinkable*)
descrive-re (*to describe*) → **descriv-ibile** (*describable*)
percepi-re (*to perceive*) → **percep-ibile** (*perceivable; perceptible*)

In some cases, the verb is modified: **comprendere** (*to understand*) → **comprensibile** (*understandable*); **bere** (*to drink*) → **bevibile** (*drinkable*); **piegare** (*to fold*) → **pieghevole** (*foldable*), etc. In others, the adjective comes from the past participle: **fatto** → **fattibile** (*doable*), **visto** → **visibile** (*visible*).

Many adjectives in **-abile/-ibile** are used in the negative, which is formed by adding the prefix **in-** (*in-/un-/dis-*), **im-** before **b, m,** and **p** (*im-*), or **ir-** before **r** (*un-*): **raggiungibile** (*reachable*) → **irraggiungibile** (*unreachable*); **correggibile** (*correctable*) → **incorreggibile** (*incorrigible*); **probabile** (*probable*) → **improbabile** (*improbable*).

*Form adjectives ending in **-bile** from the following verbs, and translate them into English.*

1. accettare _____ _____

2. curare _____ _____

3. lavare _____ _____

4. leggere _____ _____

5. montare _____ _____

6. navigare _____ _____

7. portare _____ _____

8. sopportare _____ _____

Turn each of the following adjectives into its opposite. Then translate them into English.

1. curabile _____ _____

2. descrivibile _____ _____

3. leggibile _____ _____

4. mangiabile _____ _____

5. presentabile _____ _____

6. raggiungibile _____ _____

7. respirabile _____ _____

8. sopportabile _____ _____

9. visibile _____ _____

Agriculture

l'agricoltore (m. and f.)	*farmer*
l(a)'agricoltura	*agriculture*
l'allevatore/l'allevatrice (di bestiame)	*rancher*
il campo	*field*
il contadino	*peasant*
la fattoria; l'azienda agricola	*farm*
il fienile	*barn; hay loft*
il grano	*wheat*
il gran[o]turco; il mais	*corn*
il letame; il concime	*manure*
gli organismi geneticamente modificati (OGM) (pl.)	*genetically modified organisms (GMOs)*
il raccolto; la mietitura; la vendemmia	*harvest*
il seme	*seed*
la stalla	*stable*
il trattore	*tractor*
il veterinario (m. and f.)	*veterinarian*

la vigna; il vigneto	*vineyard*
il viticoltore / la viticultrice	*wine producer*

A ottobre si fa la vendemmia. — *We harvest grapes in October.*
Sono cresciuta su una fattoria. — *I grew up on a farm.*

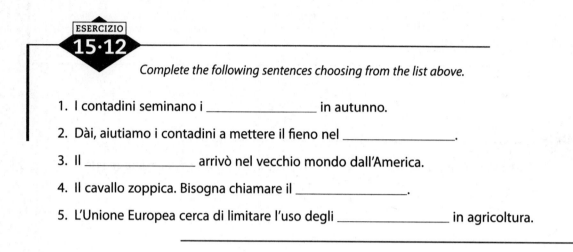

ESERCIZIO
15·12

Complete the following sentences choosing from the list above.

1. I contadini seminano i _____ in autunno.

2. Dài, aiutiamo i contadini a mettere il fieno nel _____.

3. Il _____ arrivò nel vecchio mondo dall'America.

4. Il cavallo zoppica. Bisogna chiamare il _____.

5. L'Unione Europea cerca di limitare l'uso degli _____ in agricoltura.

Farming

addomesticare	*to domesticate*
allevare	*to breed; to rear*
arare	*to plough*
bagnare (i fiori/campi, etc.); annaffiare; innaffiare	*to water (the flowers/fields)*
coltivare	*to cultivate*
domare	*to tame*
mietere; vendemmiare	*to harvest*
nutrire	*to feed*
praticare l(a)'agricoltura; coltivare la terra	*to farm*
segare	*to saw*

Non puoi addomesticare un leone, solo domarlo. — *You can't domesticate a lion, only tame him.*

Dobbiamo bagnare le piante nell'orto. — *We must water the plants in the vegetable garden.*

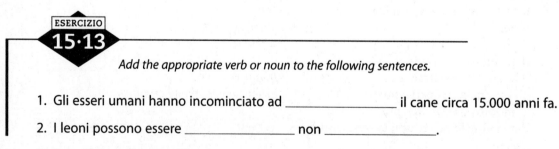

ESERCIZIO
15·13

Add the appropriate verb or noun to the following sentences.

1. Gli esseri umani hanno incominciato ad _____ il cane circa 15.000 anni fa.

2. I leoni possono essere _____ non _____.

3. Per coltivare il grano, bisogna _____ in autunno.

4. Quando c'è la siccità, i contadini _____ i campi.

5. Quando il terreno è povero, si aggiungono i _____.

6. Si _____ in autunno per fare il vino.

7. Una volta si _____ i campi con l'aratro tirato da animali.

The natural sciences

l(o)'adattamento	*adaptation*
l(o)'atomo	*atom*
la cellula	*cell*
il clone	*clone*
l(a)'ereditarietà	*heredity*
l(a)'evoluzione	*evolution*
il fatto	*fact*
il gene	*gene*
la genetica	*genetics*
il microscopio	*microscope*
l(o)'organismo	*organism*
la relatività	*relativity*
la selezione naturale	*natural selection; survival of the fittest*

Il primo clone era una pecora. *The first clone was a sheep.*

ESERCIZIO
15·14

Complete the following sentences choosing from the above list.

1. Darwin ha elaborato il principio della _____ _____.

2. Dolly è stato il primo _____.

3. Einstein è diventato famoso per la teoria della _____.

4. L'_____ spiega perché alcuni organismi riescono a sopravvivere.

5. Per ingrandire un'immagine usi il _____.

Plants

l(o)'abete	*fir*
l(o)'acero	*maple*
l(o)'albero	*tree*
la betulla	*birch*
il bosco	*wood; woods*
il cactus	*cactus*
il castagno	*chestnut*
il cespuglio	*shrub*
l(a)'edera	*ivy*
l(a)'erba	*grass*
il faggio	*beech*

il fiore	*flower*
la foresta	*forest*
il giglio	*lily*
la legna (for the fire); il legno (material)	*wood*
la margherita	*daisy*
la palma	*palm*
il pino	*pine*
il pioppo	*poplar*
la quercia	*oak*
la radice	*root*
la rosa	*rose*
il tulipano	*tulip*
la viola del pensiero	*pansy*

L'edera cresce sui muri.	*Ivy grows on walls.*
Cappuccetto Rosso incontrò un lupo nel bosco.	*Red Riding Hood met a wolf in the woods.*

ESERCIZIO
15·15

You are making a bouquet. Which items among the ones listed below would you include?

cinque rose	due gigli
dell'edera	due pioppi
dell'erba	otto tulipani
della legna	una palma
delle radici	un pino
dieci margherite	

Animals

l(o)'animale	*animal*
l(o)'animaletto di casa; il cucciolo	*pet*
l(a)'ape	*bee*
la balena	*whale*
il cammello	*camel*
il cane	*dog*
la capra	*goat*
il cervo	*deer*
il coniglio	*rabbit*
la farfalla	*butterfly*
la formica	*ant*
la gallina	*hen*
il gallo	*rooster*
il gatto	*cat*
l(o)'insetto	*insect*
il leone / la leonessa	*lion/lioness*

il lupo	wolf
il maiale	pig
il mammifero	mammal
la mosca	fly
la mucca	cow
l(o)'oca	goose
l(o)'orso	bear
la pecora	sheep
il pesce	fish
il pinguino	penguin
il ragno	spider
lo scarafaggio	cockroach
la scimmia	monkey
lo scoiattolo	squirrel
il serpente	snake
la tigre	tiger
il topo	mouse
il toro	bull
l(o)'uccello	bird
la zanzara	mosquito

Il gatto miagola.	The cat meows.
Il cane abbaia.	The dogs barks.
Gli uccelli cantano.	Birds sing.
I serpenti strisciano.	Snakes slither.
Il leone ruggisce.	The lion roars.

ESERCIZIO
15·16

Decide whether the following statements are true (T) or false (F).

1. Con il latte di capra si fanno degli ottimi formaggi. _____

2. I galli covano le uova. _____

3. Il coniglio è un animale mite. _____

4. Il cane deriva dal lupo. _____

5. Il toro è un animale mite. _____

6. La scimmia è un animale intelligente. _____

7. Il leone è un animale domestico. _____

Measurements, time, and dates

Numbers came to us from India and the Arab world, even though the foundations of modern mathematics, geometry in particular, date to the ancient Greeks. In Italian, cardinal numbers don't take the article when they convey quantity, but they do when they refer to the position they occupy in the numerical sequence. Italian inserts a period every fourth digit, but a comma between integers and decimals. Consult a grammar book to check the Italian words conveying numbers in letters.

Lo zero è un numero affascinante.	*Zero is a fascinating number.*
L'uno viene prima del due.	*One comes before two.*
1.458.751.000,00	*1,458,751,000.00*
25,2	*25.2*

Ordinal numbers are declined like any other adjective: **il terzo, i terzi, la terza, le terze**. They usually carry the article, unless they are added to a proper name or used as adverbs.

Abbiamo perso la terza partita.	*We lost the third game.*
Giovanni Paolo II era molto popolare.	*John Paul II was very popular.*

Mathematics

l(a)'addizione	*addition*
l(o)'angolo	*angle; corner*
il cerchio	*circle*
la cifra / il numero	*figure; digit*
la divisione	*division*
l(o)'esempio	*example*
la frazione	*fraction*
la metà	*half*
la moltiplicazione	*multiplication*
il numero	*number*
il rettangolo	*rectangle*
la sfera	*sphere*
il solido	*solid*
la sottrazione	*subtraction*
il totale	*total*
il triangolo	*triangle*

Il quadrato ha quattro lati eguali.	*A square has four equal sides.*
Il triangolo ha tre angoli.	*A triangle has three angles.*

Fill in the blanks in the following sentences.

1. Se sommi 2 + 2 fai un'_____.

2. Se vuoi sapere quanto fa 72 ÷ 8 devi fare una _____.

3. Se vuoi sapere quanto fa 150 − 18 devi fare una _____.

4. Se vuoi sapere quanto fa 15 × 291 devi fare una _____.

5. Un triangolo è una figura geometrica con tre _____ e tre _____.

Calculating and measuring

calcolare	*to calculate*
contare	*to count*
dividere	*to divide*
durare	*to last*
fare	*to be/equal (arithmetical operation)*
fare il totale	*to total; to add up*
misurare	*to measure*
moltiplicare	*to multiply*
pesare	*to weigh*
sommare; addizionare	*to add*
sottrarre	*to subtract*

Moltiplicate 3 per 8.   *Multiply 3 by 8.*
15 diviso 5 fa 3.   *15 divided by 5 is 3.*
Hai misurato quanto è alto il soffitto?   *Did you measure how high the ceiling is?*

Identify the arithmetical operation you are performing, or replace the words underlined in each sentence below with the appropriate verb.

1. 12 + 5 + 58 + 32 = 107 _____

2. 45 ÷ 9 _____

3. 88 - 13 _____

4. Dire ad alta voce 1, 2, 3, 4, 5, ecc. _____

5. Il film è <u>andato avanti per</u> due ore. Il film è _____ due ore.

6. <u>Mettere sulla bilancia</u> delle arance _____

7. <u>Prendere un metro e calcolare le dimensioni di</u> una stanza _____

Describing numbers

decimale	*decimal*
d(i)ritto	*straight*
dispari	*odd*
due volte	*twice*
eguale (a)	*equal (to)*
falso	*false*
intero	*integer*
massimo	*maximum*
meno (di); di meno	*less (than)*
minimo	*minimum*
negativo	*negative*
pari	*even*
più (di/che); di più	*more (than)*
positivo	*positive*
tre volte	*three times*
una volta	*once*
unico	*unique*
vero	*true*

8 è più di 7.	*8 is more than 7.*
3 per 3 fa 9.	*3 times 3 is 9.*

ESERCIZIO

16·3

Find the qualifier described by the following definitions.

1. A number that is greater than 0. _____

2. A number that is less than 0. _____

3. A system of counting using ten digits, 0 through 9 (base 10). _____

4. Not divisible by 2. _____

5. Not in accordance with the fact or reality or actuality. _____

6. Radically distinctive and without equal. _____

Measurements

l(a)'altezza	*height*
il chilogrammo	*kilogram*
il chilometro	*kilometer*
il gallone	*gallon*
la larghezza	*width*
il litro	*liter*
la lunghezza	*length*
il metro	*meter; measuring tape*
il miglio, le miglia	*mile*
la misura	*measure; measurement*
il peso	*weight*

il piede	*foot*
il pollice	*inch*
la profondità	*depth*
la qualità	*quality*
la quantità	*quantity*
il volume	*volume*

Quanto pesa la valigia in chilogrammi?	*How much does the suitcase weigh in kilograms?*
Ci sono circa 3 piedi in 1 metro.	*There are about 3 feet in 1 meter.*

ESERCIZIO
16·4

Match the first part of each sentence with the appropriate conclusion from those listed on the right.

1. Ci sono circa quattro litri _____

2. Ci sono circa tre piedi _____

3. Il peso di un corpo _____

4. La massa di un corpo _____

5. Un miglio equivale _____

a. a 1.650 metri.

b. cambia secondo la gravità.

c. in un gallone.

d. in un metro.

e. non cambia.

Time

l(o)'anno; l(a)'annata	*year*
il calendario	*calendar*
[il] Capodanno	*New Year's Eve; New Year's Day*
la data	*date*
il fine settimana; il weekend	*weekend*
il futuro	*future*
il giorno; la giornata	*day*
il giorno feriale	*weekday*
il giorno festivo; la festa; la festività	*holiday*
il mattino; la mattina; la mattinata	*morning*
il mese	*month*
la mezzanotte	*midnight*
il mezzogiorno	*noon*
il millennio	*millennium*
il minuto	*minute*
[il] Natale	*Christmas*
la notte; la nottata	*night*
l(a)'ora	*hour*
l(o)'orologio (da polso; a muro)	*watch; clock*
[la] Pasqua	*Easter*
il passato	*past*
il pomeriggio	*afternoon*
il presente	*present*
il secolo	*century*
il secondo	*second*

| **la sera; la serata** | *evening* |
| **il tempo** | *time* |

| Ci sono sessanta secondi in un minuto. | *There are sixty seconds in one minute.* |
| Avete passato una bella serata? | *Did you have a nice evening?* |

ESERCIZIO
16·5

Mark the word that does not belong in each of the following series.

1. a. la notte   b. il giorno feriale   c. la mattina   d. il pomeriggio

2. a. il secondo   b. il passato   c. il presente   d. il futuro

3. a. il minuto   b. il presente   c. il secondo   d. l'ora

4. a. il millennio   b. Natale   c. Pasqua   d. Capodanno

The prepositions **di, a, da, in, su, con, per, tra/fra** can be used to convey aspects of time. **Di** (without any article) and **in** are used to convey the idea of a chunk of time within which something happened. **A** conveys a specific point in time. It usually corresponds to the English *at*. **Da** (*from, since*) conveys origin. **Per** conveys duration. And **tra/fra** convey an interval. We often omit prepositions when indicating time.

Andiamo in vacanza d'estate.	*We go on vacation in summer.*
È nata nel 1975.	*She was born in 1975.*
Vedrò la mia famiglia a Natale.	*I'll see my family at Christmas.*
Partiamo alle sette.	*We'll leave at seven A.M.*
Non lo vedo da tre mesi.	*I haven't seen him for three months.*
Non lo vedo dal 2002.	*I haven't seen him since 2002.*
Vado in vacanza per due settimane.	*I'm taking a two-week vacation.*
Passo da te tra le sette e le otto.	*I'll stop by at your place between seven and eight.*
Consegno l'articolo tra due mesi.	*I'll deliver the article in two months.*

ESERCIZIO
16·6

*Complete the following sentences by choosing from the following prepositions: **a, in, da, tra**. At times, you will need no preposition at all.*

1. _____ Capodanno facciamo una grande festa.

2. Capodanno è _____ Natale e Pasqua.

3. È andato a scuola d'inglese _____ anni.

4. Il treno parte _____ 10 (di mattina).

5. Non lo vediamo _____ 1997.

6. Sono stata in vacanza _____ due mesi!

7. Vado dai nonni _____ Pasqua.

Days of the week

lunedì	*Monday*
martedì	*Tuesday*
mercoledì	*Wednesday*
giovedì	*Thursday*
venerdì	*Friday*
sabato	*Saturday*
domenica	*Sunday*

Months of the year

gennaio	*January*
febbraio	*February*
marzo	*March*
aprile	*April*
maggio	*May*
giugno	*June*
luglio	*July*
agosto	*August*
settembre	*September*
ottobre	*October*
novembre	*November*
dicembre	*December*

ESERCIZIO
16·7

Fill in the blanks with the words that best complete the sentences.

1. _____, _____, _____ e _____ hanno trenta giorni.

2. _____, _____, _____, _____, _____, _____ e _____ hanno trentun giorni.

3. _____ ha 28 giorni, 29 in un anno bisestile.

4. Il _____ e la _____ formano il fine settimana.

5. Il mio compleanno è a _____.

6. Il Natale cade sempre il 25 _____.

7. Il solstizio d'estate è a _____.

8. L'equinozio di primavera è a _____.

Describing time

adesso; ora	*now*
l(o)'altro ieri	*the day before yesterday*
ancora	*still; yet*
circa; verso	*about; around*

corre; va avanti	*fast (watch; clock)*
domani	*tomorrow*
dopodomani	*the day after tomorrow*
e mezza; e trenta	*half; 30 (minutes)*
e tre quarti; e quarantacinque; un quarto all(a)'/alle (+ the following hour)	*three quarters; 45 (minutes); a quarter (to)*
e un quarto; e quindici	*quarter; 15 (minutes)*
fa	*ago*
ieri	*yesterday*
in anticipo	*early*
la mezza	*12:30 P.M.; noon*
il millenovecentosessantotto; il sessantotto (but not **il diciannove sessantotto**)	*1968*
[il] prossimo	*next*
qualche volta	*sometimes*
ritarda; va indietro	*slow (watch; clock)*
sempre	*always*
solo; soltanto	*only*
spesso	*often*
subito	*at once*
l(o)'ultimo; scorso	*last; latest; past*
una volta	*once; one time*

C'era una volta una principessa...	*Once upon a time there was a princess . . .*
L'ho letto nell'ultimo numero della rivista.	*I read it in the latest issue of the journal.*

ESERCIZIO
16·8

Replace the words underlined in each sentence with one of the qualifiers listed above.

1. È l'una e 30 minuti. È l'una _____

2. Essere in un posto dieci minuti prima dell'ora prevista. Essere _____ _____.

3. Hai visto il numero della rivista che è appena uscito? Hai visto _____ numero della rivista?

4. Il mio orologio segna le dieci ma sono le dieci e mezza. Il mio orologio _____.

5. L'ho visto il giorno precedente a oggi. L'ho visto _____.

6. Sono le dieci e 15 minuti. Sono le dieci _____.

7. Sono le 12 (A.M.). _____ _____.

8. Sono le 12 (P.M.). _____ _____.

9. Ti vedo il giorno successivo a oggi. Ti vedo _____.

10. Vincenzo vede esclusivamente le persone che gli servono per il lavoro. Vincenzo vede _____ le persone che gli servono per il lavoro.

Italian in the twenty-first century: E-life

·17·

Online media and activities have taken off exponentially in Italy, accompanied by the ever-more widespread adoption of English terminology. This chapter is devoted entirely to various aspects of electronic communication.

E-life is comprised of a complex network of functions and activities, where it is not always easy to separate learning from playing, or chatting from informing. The vocabulary lists give Italian versions of the English words as often as possible together with the article—*la* **posta spazzatura**, *il* **junk mail**—because the article tells you gender and number, which are crucial for choosing the correct forms of pronouns, adjectives, past participles, and so forth.

E-actors

This first section is devoted to "actors"—that is, characters who engage in activities using e-based tools. Later sections are devoted to the creation of e-identities, to the virtual spaces where people can interact, to the features we use on-screen and inside machines, and so forth.

l(o)'**amministratore di sistema** (m. and f.); il **system administrator**	*system administrator*
l(o)'/l(a)'**assistente didattico/didattica**; il **tutor** (m. and f.)	*tutor*
il/la **blogger**	*blogger*
la **blogstar**	*blogging star*
il/la **cibernauta/cybernauta**	*cybernaut*
il **cinguettatore**/la **cinguettatrice**; il **twitter** (m. and f.)	*twitterer*
il/la **cyberpunk**	*cyberpunk*
il **fornitore di accesso** (m. and f.); l(o)'**access provider** (m. and f.)	*access provider*
il **fornitore di Internet** (m. and f.); l(o)'**Internet service provider** (m. and f.)	*Internet provider*
il **gestore** (m. and f.); il **provider**	*provider*
l(o)'**hacker** (m. and f.)	*hacker*
l(o)'**host** (m. and f.)	*host*
l(o)'/l(a)'**internauta**	*internaut*
il **lurker** (m. and f.)	*lurker*
il **mentore** (m. and f.); il **mentor** (m. and f.)	*mentor*
il **moderatore** (m. and f. in this context)	*moderator*
il/la **newbie**	*(Internet) newbie*
il **postmaster** (m. and f.)	*postmaster*

lo sviluppatore di software; **il software developer**	*software developer*
il/la trendsetter	*trendsetter*
il troll (m. and f.)	*troll*
il webmaster (m. and f.)	*webmaster*

Gli studenti di quarta fanno da mentori online agli studenti di prima nella simulazione sulla Rivoluzione americana.	*High school seniors act as online mentors for sophomores in the simulation on the American Revolution.*
A me piace il tutore elettronico del corso di spagnolo, perché non ti fa sentire un cretino se sbagli.	*I like the e-tutor in the Spanish course, because it doesn't make you feel like an idiot if you make a mistake.*

According to traditional rules of grammar, foreign words are masculine and should not be modified when used in the plural: **lo sport, gli sport** (*sport, sports*). Nowadays, the gender and plural forms of foreign words are anyone's guess. Most nouns used for participants in electronic life are masculine, because the world of cybernetics is seen as a "male" world. Thus the article for **hacker** is masculine—**l(o)'hacker**, but the person in question can be either male or female. **Trendsetter**, on the other hand, can take either **il** or **la**, because women are central to the world of fashion. It would not be surprising, though, if in a short time we see **la hacker, la lurker,** and **la cyberpunk**, as women become more active in e-life, or, more realistically, the world acknowledges their presence in that domain.

When it comes to forming the plural, no rule holds. Some people adopt the English pattern and add an **-s** to the noun: **i cyberpunks, i bloggers**. Others do not: **i newbie, i webmaster**.

ESERCIZIO
17·1

Choose the Italian word or phrase that most closely matches the given definition.

_____ 1. female twitterer

_____ 2. female who keeps and updates a blog

_____ 3. male or female designer, operator, or professional user of the Internet

_____ 4. new participants in online activities

_____ 5. male or female system administrator

_____ 6. male or female who follows a forum but doesn't post

a. l'amministratore di sistema

b. la blogger

c. la cinguettatrice

d. il cyberpunk

e. il fornitore di Internet

f. l'internauta

g. il lurker

h. i newbie

i. le trendsetter

j. i tutor

E-identity

Our individual identity is splitting and multiplying through e-mail, Facebook, Twitter, chat rooms, and forums. Sometimes we are the ones who create those personas, at other times personas are assigned to us by cookies and meta tags. We have several virtual lives, now, while running the risk that our real identity can be stolen from us.

l(o)'accesso	*access*
l(o/a)'androide; l(o/a)'android	*android*
l(a)'autenticazione	*authentication*
l(o)'avatar (m. and f.)	*avatar*
l(a)'emoticon; la smiley	*emoticon; smiley*
la firma digitale; la signature	*digital/e-signature*
il furto d'identità; l(o)'identity theft	*identity theft*
l(a)'identità utente; la user ID	*user ID*
l(a)'interattività	*interactivity*
la netiquette	*netiquette*
il nome di dominio; il domain name	*domain name*
la parola d'ordine; la password	*password*
il profilo	*profile*
la retomania	*Net mania*
lo status	*status*
la Twitter mania/Twittermania	*Twitter mania*

Italians use abbreviations and contractions—for instance, "**sn**" for **sono**, "**trp**" for **troppo**—and symbols to communicate via chatting, texting, or twittering so as to shorten text or to express emotions. Several are taken from English:

AFAIK	*as far as I know*
BTW	*by the way*
C.U.L.8.R	*see you later*

Others are in Italian:

TVB (ti voglio bene)	*I care for you/I love you*
TVTB (ti voglio tanto bene)	*I care for you a lot/I love you a lot*
X	*to, for*
xk (perché)	*because, why*
xk6:-(?xxx): (perché sei triste? [tanti baci])	*why are you sad? (lots of kisses)*
MMM (mi manchi moltissimo)	*I miss you so much.*

Gigi il mio nanetto, mi sono presa la nostra foto x ti ricordo e TVB, davvero, ti voglio trp trp trp beneeeeee.	*Gigi, my sweet pet, I took our picture to remember you and I love you, I really love you toooooo much.*
Ciao!! 6 fidanzato?? Sn piccola prò mi piacerebbe avere 1 rapporto bello di amicizia cn te...	*Ciao!! Are you engaged?? I'm a bit young but I'd like to have a nice friendship with you . . .*

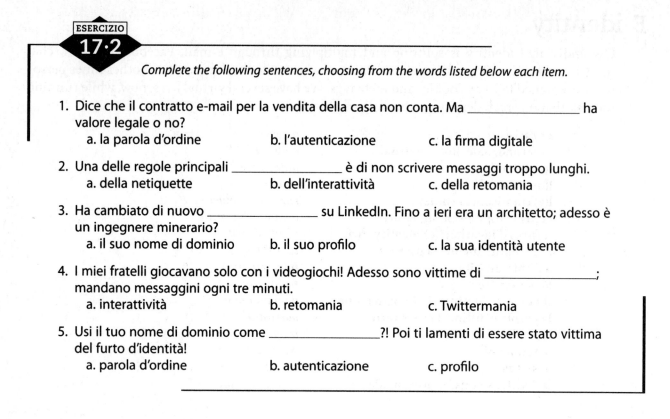

Complete the following sentences, choosing from the words listed below each item.

1. Dice che il contratto e-mail per la vendita della casa non conta. Ma _____ ha valore legale o no?
   a. la parola d'ordine   b. l'autenticazione   c. la firma digitale

2. Una delle regole principali _____ è di non scrivere messaggi troppo lunghi.
   a. della netiquette   b. dell'interattività   c. della retomania

3. Ha cambiato di nuovo _____ su LinkedIn. Fino a ieri era un architetto; adesso è un ingegnere minerario?
   a. il suo nome di dominio   b. il suo profilo   c. la sua identità utente

4. I miei fratelli giocavano solo con i videogiochi! Adesso sono vittime di _____; mandano messaggini ogni tre minuti.
   a. interattività   b. retomania   c. Twittermania

5. Usi il tuo nome di dominio come _____?! Poi ti lamenti di essere stato vittima del furto d'identità!
   a. parola d'ordine   b. autenticazione   c. profilo

E-space

Perhaps we enjoy virtual space because we feel as if we are running out of physical space. Cities, suburbs, exurbia: More and more people live crowded together. But there are as many people in e-communities as in real ones.

l(a)'area di discussione; il forum	*forum*
l(a)'aula virtuale; la virtual classroom	*virtual classroom*
la bacheca (elettronica); il message board/messageboard	*message board*
il blog	*blog*
la blogosfera	*blogosphere*
la chat line	*chat line*
la chat room	*chat room*
il cloud computing	*cloud computing*
la comunità (virtuale); la (virtual) community	*e-community*
il cyberspazio	*cyberspace*
il gruppo di discussione; il newsgroup	*newsgroup*
l(a)'/ l(o)'internet	*Internet*
la mappa; la map	*map*
i multimedia	*multimedia*
la piattaforma sociale	*social platform*
la rete sociale; la social network	*social network*
il social bookmarking	*social bookmarking*
la twittersfera	*twittersphere*
il vlog	*vlog; video blogging*
la web agency	*web agency*

Vito ha la testa nelle nuvole… del cloud computing!	Vito has his head in the clouds . . . of cloud computing!
TweetMe è lo strumento online per diffondere i tuoi contenuti nella twittersfera.	TweetMe is the online tool to spread your contents in the twittersphere.
Vi racconto come creare una rete sociale virtuale privata per un gruppo di lavoro, usando il sistema gratuito Ning.	I'll tell you how to create a private virtual social network for a working group by using the free system Ning.

ESERCIZIO

17·3

Replace the definitions in parentheses in each sentence with the appropriate term from the previous list, choosing the Italian version when one is available.

1. Barbara è sempre molto aggiornata: ha affidato la sua ditta a un servizio

   di _____.

   (un insieme di tecnologie informatiche che permettono l'utilizzo di risorse hardware o software distribuite in remoto)

2. Mia sorella si rifiuta di appartenere a qualunque _____. Poi si lamenta che non ha amici!

   (sistemi di collegamento basati sul Web, in cui gli utenti possono lasciare un profilo personale, spesso con foto, musica o video)

3. Lo hanno cacciato dal _____, perché non rispettava nessuna delle regole della netiquette.

   (spazio virtuale creato su una rete di server interconnessi per discutere di un argomento specifico)

4. Guarda che se non conosci le abbreviazioni e le emoticon non puoi davvero partecipare a

   una _____.

   (area di servizio online che permette agli utenti di comunicare tra loro su un argomento concordato in tempo reale)

5. Nella mia scuola hanno introdotto dei giochi e delle simulazioni che utilizzano le

   nuove _____.

   (sistemi operativi che usano il potenziale di connessione tra persone online per distribuire delle applicazioni)

Screen features

In the golden age of white or green print on a black screen, only what we typed mattered. Now we recognize where we are and what we can do in cyberspace at first sight and at first touch, through screens that reveal at once what the programs we are using enable us to do.

la dimostrazione; il demo	*demo*
il drop down	*drop-down menu*
l(a)'icona	*icon*
l(a)'interfaccia; l(a)'interface	*interface*
il link	*link*
la mailing list	*mailing list*
il materiale didattico online; il courseware	*courseware*
il menù; il menu	*menu*
il podcast	*podcast*
il portale	*portal*
il post	*single posting on the Internet*
la posta spazzatura; il junk mail	*junk mail*
la preview	*preview*
la simulazione; la simulation	*simulation*
l(o)'SMS; il messaggino; il text message	*SMS (Short Message Service); text message*
lo streaming	*streaming*
la striscia; il banner	*banner*
il testo	*text*
il tutoriale; il tutorial	*tutorial*
il tweet/il twit	*tweet*
l(a)'unità didattica; la lesson unit	*lesson unit*
lo URL	*URL*
il videomessaggio	*video message*
la webliografia/web[b]ibliografia	*webliography/web bibliography*
la webografia	*webography*

Per il centocinquantesimo anniversario dell' Unità d'Italia,mettiamo una striscia col tricolore sulla nostra pagina di Facebook!	*For the 150th anniversary of Italian unification, let's post a banner with the Italian flag on our Facebook page!*
SMS tipico: «Cmq sec. me se stas. c6 è meglio così parl 1po; se inv. nn c6 fa niente».	*Typical SMS: "Anyway, I think it'd be better if you could come tonight, so the two of us can talk, but it's no big deal if you can't."*
La prof. di filosofia, che rottura, ci fa fare sia la webliografia sia la bibliografia in biblioteca.	*The philosophy prof, what a pain, makes us do both the webography online and the bibliography browsing in the library.*

◆ ESERCIZIO
17·4

Match each part of the sentence on the left with its complementary part among those listed on the right.

_____ 1. Ecco come ripristinare in pochi passi

_____ 2. Grazie al mio amico medico Bruno Porta

_____ 3. Intel potrebbe avere in tasca

_____ 4. La settimana prossima lanceremo

_____ 5. Qual è l'SMS più bello

_____ 6. Se inserite una striscia su questo sito

a. che tu abbia mai ricevuto?

b. il demo anche su PlayStation 3!

c. l'icona di Firefox.

d. una nuova soluzione contro il malware.

e. eccovi una breve webliografia sul diabete.

f. verrà vista da 44.000 utenti al giorno.

System background features

We need a lot of electronic scaffolding to function in our virtual world. We never see these tools, but we see their effects: malware may destroy us, meta tags help us find customers, open sources enable us to enjoy the creations of others for free. But when the connection does not work, we do feel the might of these invisible powers.

il codice maligno; il malware	*malware*
la connessione; la connection	*connection*
il conto	*account*
il cookie	*cookie*
il crash	*computer crash*
il crawler	*crawler*
il desktop	*desktop*
il dialer	*dialer*
il dominio	*domain*
l(a)'etichetta; la tag	*tag*
l(o)'everywhere messaging	*everywhere messaging*
il feed	*feed*
la fonte aperta; l(a)'open source	*open source*
la funzionalità	*functionality*
la geolocalizzazione	*geolocalization*
l(o)'ipertesto	*hypertext*
il logfile	*logfile*
il metadato	*meta tag*
l(o)'overload	*overload*
la parola chiave; la keyword	*keyword*
il permalink	*permalink*
la portabilità; la portability	*portability*
il protocollo; il protocol	*protocol*
il software libero	*freeware*
il Trojan; il troiano	*Trojan virus*
l(o)'upgrade	*upgrade*
il wiki	*wiki*
la wild card	*wild card*
il wireless	*wireless (communication)*

Non aprire l'allegato! C'è un Trojan lì dentro!	*Don't open the attachment! There is a Trojan virus inside!*
Noi proponiamo il software libero, che non va confuso con l'open source.	*We support freeware, which is very different from open-source software.*
Puoi acquistare accesso a un dominio che ti permette di accorciare il tuo URL.	*You can buy access to a domain that will enable you to shorten your URL.*

ESERCIZIO
17·5

Mark the word that does not belong in each of the following series.

1. a. il conto   b. l'etichetta   c. il metadato   d. la wild card

2. a. il crawler   b. la funzionalità   c. il malware   d. il troiano

3. a. il crash   b. l'everywhere messaging   c. la geolocalizzazione   d. il wireless

4. a. la connessione   b. il conto   c. l'overload   d. la parola chiave

E-behavior

We can behave online as we do in any other environment. People chat about love, discuss social unrest, learn Chinese, or even bully schoolmates and commit cyberterrorism. For the time being, anarchy reigns supreme in e-life, except when autocratic regimes silence everyone.

l(o)'apprendimento elettronico; l(o)'e-learning	*e-learning*
l(o)'argomento; il topic	*topic*
l(a)'audioconferenza	*audioconference*
l(a)'autoistruzione; il self-learning	*self-learning*
la chiacchiera; il chat	*chat*
il cinguettìo; il twitter; il chiacchiericcio; twittering	*twittering*
il cyberbullismo	*cyberbullying*
il cyberterrorismo	*cyberterrorism*
il download	*download (noun)*
l(o)'edutainment	*edutainment*
l(a)'elaborazione; il processing	*processing*
la flame	*flaming attack online*
la formazione a distanza; il distance learning	*distance learning*
la formazione; il coaching	*training; coaching*
il furto di identità; l(o)'identity theft	*identity theft*
l(o)'hackeraggio	*hacking*
l(o)'hosting	*hosting*
il lurking	*lurking*
il mail bombing	*e-mail bombing*
la messaggeria; l(o)'instant messaging	*instant messaging*
il microblogging	*microblogging*
il mobile learning	*mobile learning*
il nanopublishing	*nanopublishing*
il networking	*networking*
il pannello di controllo	*control panel*
la piattaforma	*platform*
il picture messaging	*picture messaging*
il podcasting	*podcasting*
il telebanking	*telebanking*
il teleshopping	*teleshopping*
il roaming	*roaming*

Viola vive di twittering. Dice che i tweets sono belli come gli haiku giapponesi.

Viola lives and breathes twittering, She says tweets are as beautiful as Japanese haikus.

Ci credi? Aldo faceva solo lurking: improvvisamente ha postato la storia della sua vita online.

Can you believe it? Aldo was interested only in lurking; suddenly he posted his life history online.

Sono stato vittima di un furto di identità mentre facevo telebanking. E adesso cosa faccio?

I've been a victim of identity theft while I was doing Internet banking. What can I do now?

Translate the following sentences.

1. Molte università adesso utilizzano l'apprendimento a distanza.

2. La figlia di Marina è in cura per la depressione perché è stata vittima di cyberbullismo.

3. La messaggeria non esisteva quando tu avevi la mia età?! Incredibile!

4. «Che ne è di Paolo? Non chatta più con noi?» «No, da quando certa gente ha lanciato una flame pazzesca contro di lui».

5. Per me, Twitter non è più cool: anche i miei vetero si sono dati al cinguettìo.

6. Pupetta fa la snob e dice che userà solo l'autoistruzione d'ora in poi. Voglio vedere cosa succede alla maturità.

Performing e-actions

Italian loves reflexive verbs, so out of the English noun *interface* comes the Italian verb **interfacciarsi** (*to interface with*). Deriving verbs from nouns is typical of classical Italian, and the influence of English has encouraged this habit, leading to the creation of verbs from English or Italian words—**cliccare** from *to click*, or **messaggiare** (*to send a message, to text*) from **messaggio** (*message*).

andare su google; googlare (aux. **avere**)	*to Google*
caricare; upload	*to upload*
ceccare	*to check*
chattare/ciattare (aux. **avere**)	*to chat*
digitare	*to key in; to type*
e-mailare; mailare (aux. **avere**)	*to e-mail*
floodare	*to flood*
implementare	*to implement*
interfacciare/interfacciarsi (con)	*to interface (oneself with someone else)*
linkare (aux. **avere/essere**)	*to link*
messaggiare	*to send e-messages; to text*
postare	*to post*

resettare	to reset
rimbalzare (aux. essere)	to bounce back
scansionare	to scan
scaricare; downloadare	to download
scrollare	to scroll
supportare	to support
taggare	to tag
uploadare	to upload
zippare	to zip

Il sistema si interfaccia con l'utente tramite il software Java.	The system interfaces with the user through a Java script.
OK, vuoi postare uno status. Prima di tutto devi domandarti: chi lo leggerà?	OK, you want to post a status. First of all you should ask yourself: Who's going to read it?
Il pc si riavvia di continuo dopo aver ceccato safeboot, cosa posso fare?	The PC keeps on restarting after checking safe boot; what can I do?

Verbs formed from foreign words belong to the first conjugation, ending in -are. They are regular, and usually take the auxiliary **avere** (*to have*) and a direct object. The auxiliaries for verbs that don't take direct objects but take **avere** anyway, and for verbs that take **essere** (*to be*), are listed.

Lisa ha ciattato con lui per ore, così ha scaricato le batterie!	Lisa chatted with him for so many hours that she wore down the batteries!
«Quante parole hai taggato sul sito»? «Ne ho taggate dieci».	"How many words did you tag on your site?" "I tagged ten."

ESERCIZIO
17·7

Complete the following sentences choosing from the verbs and phrases previously listed, conjugated in the appropriate mood and tense.

1. Se voglio avere una conversazione seria con mio figlio devo _____ con lui online!

2. Volete aggiungere il servizio di social bookmarking? Allora dovete _____ il vostro blog.

3. Non riesco più a usare la mia casella mail perché me l'hanno _____ con un mucchio di spam.

4. Suo fratello ha un mal di testa che non va più via. Secondo me passa troppo tempo a

   _____ su e giù sull'iphone.

5. Ho _____ il mio profilo su un servizio dating. Quindici risposte, pensa! Non so chi scegliere.

Describing e-life

Several nouns can be used as qualifiers of other nouns, just as in English, but following the Italian word order, which usually puts the adjective after the noun.

Il nostro social engine è una soluzione opensource, leggera e scalabile.

Our new social engine is an open-source, light, and scalable solution.

analogico	*analogical*
a richiesta	*on demand*
autogestito	*self-managed*
cybercondriaco	*cyberchondriac*
cyberspaziale	*cyberspatial*
dal vivo	*live*
diacronico	*diachronic*
digitale	*digital*
interattivo; interactive	*interactive*
internettiano	*related to the Internet*
multimediale	*multimedia-related/typical of multimedia*
remoto	*remote*
scalabile	*scalable*
sincronico	*synchronic*
text-based/textbased	*text-based*
virtuale/virtual	*virtual*

Se vuoi un sito web sexy, chiedi a Max di scriverti il testo: ha uno stile veramente internettiano.

If you want a sexy website, ask Max to write the text; his writing style is perfect for the Internet.

Le nostre attività online sono asincroniche, così, se gli studenti sono furbi, ci pensano un po' su prima di postare la risposta.

Our online activities are asynchronic, so, if the students are smart at all, they'll think about their answers before posting them.

ESERCIZIO
17·8

The underlined qualifiers have been introduced in the wrong sentence. Place them in the appropriate one.

1. Il «Partito remoto» si propone di dare ai cittadini del ciberspazio la possibilità di partecipare attivamente all'attività politica attraverso l'uso dei media basati sulle reti sociali. _____

2. Un comunicato di un'agenzia di stampa afferma che sono molti i paesi ormai pronti ad affrontare una guerra sincronica. _____

3. Hanno costruito una simulazione a computer molto interessante, ma ci vogliono almeno dieci tutori per corso e così l'attività non è virtuale. _____

4. Liberatevi dei sistemi di rete aziendali! Collegatevi tramite un gestore <u>internettiano</u> ai servizi di storage, raccolta dati, applicazioni condivise e... non pensate più agli upgrade, i failure di connessione e il servizio di supporto che non risponde! _____

5. Nella struttura della rete, anche quella di apprendimento, il sistema funziona in modo <u>cyberspaziale</u>, anche se viene costruito in modo diacronico. _____

6. Roma in realtà <u>scalabile</u>! Il nostro sito vi offre un passeggiata indimenticabile tra i più importanti monumenti della Roma antica. _____

Answer key

1 Family

1-1   1. la cognata   2. la sorella   3. la nuora   4. la mamma   5. la suocera   6. il cugino
       7. il figlio   8. il nipote   9. la zia

1-2   1. c   2. b   3. a   4. b

1-3   1. l(o)'amante   2. il cognato   3. il fidanzato   4. il padre   5. il marito   6. il nipote
       7. il genero   8. il parente   9. lo sposo   10. lo zio

1-4   1. gli zii   2. gli sposi   3. i cognati   4. i cugini   5. i fidanzati   6. i nipoti / i nipotini
       7. i suoceri   8. i nipoti

1-5   1. some affection   2. the engagement ring   3. an anniversary   4. some lies
       5. little trust/faith   6. the honeymoon   7. a marriage / wedding   8. a love affair

1-6   1. vostri   2. mio   3. loro   4. suo   5. mia   6. tua   7. nostre

1-7   1. c   2. c   3. b   4. a   5. a

1-8   1. abbracciarsi   2. aiutarsi   3. amarsi   4. perdonarsi   5. sposarsi   6. tradirsi
       7. promettersi   8. volersi bene

1-9   1. mi vizio   2. sposarti   3. si fidanzano   4. si vogliono bene   5. vi amate
       6. ci siamo promessi

1-10   1. Si deve parlare ai figli della droga.   2. Si aiutano i propri parenti.
       3. Si dice che Elena e Giorgio divorzieranno.   4. Si va al ristorante stasera.

1-11   1. fidanzato   2. intimo   3. divorziato   4. sposato   5. innamorato   6. vedovo

1-12   1. Loro   2. Essi   3. Esso   4. Lei   5. Noi   6. Lui   7. Tu   8. Voi

1-13   1. Li   2. Ti   3. Le   4. Li   5. Ci   6. Vi   7. La   8. La

1-14   1. Mi   2. Vi   3. Gli   4. Gli   5. Le   6. Ci   7. Gli   8. Ti

2 People

2-1   1. c   2. d   3. a   4. f   5. b   6. e

2-2   1. b   2. c   3. a   4. a

2-3   1. l(a)'aggressività, *aggressiveness*   2. la normalità, *normality*   3. la profondità,
       profundity/depth   4. la severità, *severity*   5. la superficialità, *superficiality*
       6. la vivacità, *vivacity/liveliness*

2-4   1. la curiosità   2. la superficialità   3. la normalità   4. l(a)'aggressività   5. lo severità

2-5   1. affettuosamente   2. intimamente   3. pazientemente   4. saggiamente
       5. severamente   6. timidamente   7. vivacemente

2-6   1. a   2. e   3. b   4. d   5. c

2-7   1. e   2. c   3. d   4. a   5. b

2-8	1. d 2. a 3. f 4. e 5. b 6. c
2-9	1. scusarsi 2. aspettare 3. chiedere/domandare 4. chiamare/telefonare 5. passare
2-10	1. pazienza 2. superficiale 3. affetto 4. orgoglio 5. famigliare 6. timidezza
2-11	1. b 2. a 3. d 4. c 5. e 6. f
2-12	1. Pronto 2. aiuti; persone 3. inviti 4. invitare 5. tipo 6. comportamento; maniere 7. festa
2-13	1. d 2. c 3. e 4. b 5. a
2-14	1. volentieri / con piacere 2. malvolentieri 3. da solo / solo 4. in pochi 5. occupato
2-15	1. Chi 2. Quanti 3. Dove 4. Perché 5. Come 6. Quando

3 The body and the senses

3-1	1. b 2. b 3. a 4. c 5. c
3-2	1. un 2. alla 3. a un 4. al 5. un 6. la 7. a un
3-3	1. cardiaci 2. muscoloso 3. facciale 4. nervoso
3-4	1. T 2. F 3. T 4. T 5. F
3-5	1. il braccio 2. il ginocchio 3. la lingua 4. il muscolo
3-6	1. la bocca 2. il braccio 3. il dente 4. il dito
3-7	1. il dente 2. il dito 3. la mano 4. il naso
3-8	1. c 2. a 3. a 4. b
3-9	1. a 2. c 3. b 4. a 5. c
3-10	1. gli occhi; testa/faccia 2. le orecchie; viso 3. le papille gustative; bocca 4. la pelle; corpo 5. il naso; bocca
3-11	1. c 2. a 3. a 4. b 5. a
3-12	1. la bellezza, *beauty* 2. l'amarezza, *bitterness* 3. la freddezza, *coldness* 4. la morbidezza, *softness* 5. la dolcezza, *sweetness*
3-13	1. la bruttezza 2. l'amarezza 3. la bellezza 4. la freddezza
3-14	1. ascolta 2. annusare; sentire (gli odori) 3. guarda; vede; osserva 4. sentire 5. assaggiare

4 Emotions and the mind

4-1	1. a 2. c 3. b 4. b 5. a
4-2	1. piacevole 2. triste/preoccupato 3. emotivo 4. odioso 5. allegro/piacevole
4-3	1. il piacere 2. la simpatia 3. il dolore / la tristezza 4. l(o)'amore 5. l(a)'infelicità 6. l(a)'allegria / la gioia
4-4	1. c 2. a 3. c
4-5	1. irritarsi 2. preoccuparsi 3. annoiarsi 4. rattristarsi 5. spaventarsi 6. stressarsi
4-6	1. ci siamo divertiti 2. si irritano 3. Si infastidisce 4. si sono terrorizzati 5. si è eccitato
4-7	1. a 2. b 3. a 4. b 5. c
4-8	1. addolorato 2. arrabbiato 3. annoiato 4. imbarazzato 5. spaventato 6. preoccupato 7. stressato
4-9	1. appassionante 2. divertente 3. irritante 4. preoccupante 5. rilassante 6. stressante
4-10	1. rilassanti 2. annoiata 3. stressante 4. appassionante 5. rilassata 6. stressata
4-11	1. l(a)'ansia 2. il dolore 3. la gioia 4. l(a)'invidia 5. la noia 6. l(o)'odio
4-12	1. felice 2. sensibile 3. contento 4. costante 5. piacevole
4-13	1. b 2. c 3. a 4. c

4-14   1. la capacità, *ability/skill*   2. l(a)'irrazionalità, *irrationality*   3. la passività, *passivity*
         4. la razionalità, *rationality*   5. la stupidità, *stupidity*

4-15   1. a   2. b   3. a   4. c

4-16   1. l(a)'intelligenza   2. l(o)'istinto   3. l(a)'abitudine   4. l(a)'azione   5. il sogno

4-17   1. b   2. e   3. a   4. d   5. c

4-18   1. b   2. e   3. d   4. a   5. c

5   Body care, health, and life

5-1   1. d   2. b   3. a

5-2   1. b   2. b   3. c   4. a

5-3   1. calva   2. lisci   3. grigi/bianchi   4. corti

5-4   1. Il kleenex   2. shampoo   3. l'asciugamano   4. lo spazzolino / il dentifricio
         5. il rasoio / la crema da barba   6. il deodorante

5-5   1. Fai depilare le gambe?; Ti fai depilare le gambe?   2. Giovanna fa lavare la testa.; Giovanna si fa lavare
la testa.   3. Piera e Luciana fanno fare la messa in piega.; Piera e Luciana si fanno fare la messa in piega.
         4. Massimo e Giorgio, fate tagliare la barba?; Massimo e Giorgio, vi fate tagliare la barba?   5. Facciamo
tagliare i capelli!; Ci facciamo tagliare i capelli!

5-6   1. Il massaggio   2. la chirurgia plastica   3. la depilazione   4. la permanente   5. la manicure

5-7   1. N   2. N   3. N   4. Y   5. N   6. Y

5-8   1. c   2. c   3. a   4. b

5-9   1. f   2. a   3. b   4. e   5. c   6. d

5-10   1. dal dentista   2. dalla farmacista   3. psichiatri   4. dalla fisioterapista   5. dal chirurgo

5-11   1. Gli infermieri possono curare il raffreddore, la tosse, ecc.   2. I chirurghi fanno le operazioni.
         3. L'oculista mi ha fatto cambiare gli occhiali.   4. La dentista dice che la nonna deve rifare la dentiera.

5-12   1. I ate too much last night. I feel nauseous.   2. I caught a cold.   3. My mother hurt her back.
         4. "Are you ill?" "No, but I'm a bit under the weather (I don't feel very well)."   5. Did you get over the flu?

5-13   1. le malattie cardiovascolari: il colpo apoplettico, l'infarto   2. le malattie dell'apparato respiratorio: il
raffreddore, la polmonite, la tosse, l'influenza   3. le tossicodipendenze: la tossicodipendenza, l(o)'alcolismo,
il fumo   4. i traumi e le loro conseguenze: il coma, lo shock

5-14   1. c   2. e   3. b   4. a/h   5. h/a   6. d   7. f   8. g

5-15   1. Soffre   2. rianimato   3. si è rimarginata   4. trapianta   5. si ammala

5-16   1. medico   2. mal; temperatura   3. termometro; sintomi; Mal   4. vomitato   5. influenza

5-17   1. ambulatorio   2. pronto soccorso   3. barella   4. sedia a rotelle   5. ambulanza

5-18   1. According to the ancient Greeks, gods intervened in the lives of human beings.   2. The old man couldn't
read the sign.   3. Man is mortal.   4. Mental functions are less brilliant in adults than in adolescents.
         5. My brother was still a virgin at thirty.

5-19   1. parto   2. gravidanza   3. mestruazioni   4. pillola   5. adozione

5-20   1. b   2. a   3. c   4. d   5. f   6. e

5-21   1. dato alla luce   2. crescono; invecchiano   3. eutanasia assistita   4. adottano   5. vergine   6. morire

6   Consumer society

6-1   1. T or F   2. F   3. T   4. F   5. F

6-2   1. apre   2. spende   3. fare la spesa   4. rendere/restituire/cambiare

6-3   1. b   2. c   3. b   4. a

6-4	1. convenienti 2. fatte a mano / fatte su misura 3. di moda 4. fatti in serie
6-5	1. lo scontrino / la ricevuta 2. l(o)'assegno 3. l(o)'affare 4. la rata 5. il resto
6-6	1. acquistato/comp(e)rato 2. consumato 3. fatto 4. pagato 5. reclamato
6-7	1. d 2. b 3. a 4. c
6-8	1. la gelateriá 2. la gioielleriá 3. la latteriá 4. la macelleriá 5. la profumeriá 6. la salumeriá 7. la tabaccheriá
6-9	1. in gelateriá 2. in tabaccheriá 3. in profumeriá 4. in panetteriá 5. in salumeriá
6-10	1. c 2. b 3. b 4. c
6-11	1. consumata 2. elegante 3. casual 4. fantasia 5. sportivi
6-12	1. l'impermeabile 2. lo smoking 3. il piumone; la pelliccia; il cappotto; il giaccone 4. maglie 5. I pantaloni corti
6-13	1. la maglietta arancione 2. i pantaloni beige 3. la T-shirt bianca 4. la felpa blu 5. il panciotto bordeaux 6. la gonna grigia 7. l'abito da sera lilla 8. le pellicce marroni 9. gli smoking neri
6-14	1. si è messa 2. ci siamo tolti/e 3. si è provata 4. Mi metto 5. si tolgono
6-15	1. la camicia di cotone 2. la giacca di pelle 3. il vestito di lino 4. le calze di nylon 5. la gonna di seta 6. il golf di lana
6-16	1. di cotone 2. di nylon 3. di cotone; di lana 4. di cotone; di nylon 5. di lana 6. di velluto
6-17	Un paio di: calze, calzini, collant, guanti, mutande, mutandine, pantofole, sandali, scarpe, stivali
6-18	1. a 2. b 3. c 4. a

7 Housing

7-1	1. a 2. b 3. b 4. c 5. c
7-2	1. sul corso 2. in una cittadina 3. in città; in campagna 4. nei sobborghi 5. in un paesino
7-3	1. d 2. c 3. b 4. c
7-4	1. Y 2. Y 3. N 4. Y 5. N
7-5	1. b 2. c 3. d 4. a 5. e 6. f
7-6	1. l'idraulico 2. il muratore 3. il decoratore / l'imbianchino 4. l'impresario 5. l'architetto 6. il piastrellista
7-7	1. perdere 2. ristrutturare 3. montare 4. costruire 5. aggiustare/riparare
7-8	1. martello; chiodi 2. cacciavite; viti 3. arnesi/aggeggi 4. corto circuito 5. tubo 6. sega
7-9	1. il muro di mattoni 2. gli oggetti di plastica 3. le colonne di cemento armato 4. i palazzi di pietra 5. le mura di pietra 6. le case di legno
7-10	1. Y 2. N 3. N 4. N 5. Y
7-11	1. b 2. c 3. b 4. a
7-12	1. lo scaldabagno / il boiler 2. l(o)'ascensore 3. una cantina 4. Il garage 5. Il pavimento 6. i soffitti 7. riscaldamento
7-13	1. accendere 2. chiuso a chiave 3. spegni 4. funziona 5. entriamo/entrate
7-14	1. prefabbricata 2. a due arie 3. di sotto 4. al primo piano

8 Domestic life

8-1	1. in/nella camera da letto 2. in/nella cucina 3. in/nel soggiorno/salotto 4. in/nel tinello 5. in/nella camera/sala da pranzo 6. in/nel bagno 7. sulla terrazza / sotto il pergolato
8-2	1. abbiamo caldo 2. abbiamo sonno 3. dormire 4. sederci 5. fare del giardinaggio / fare l'orto 6. arredato/ammobiliato 7. mangiamo

8-3	1. b 2. e 3. a 4. d 5. c
8-4	1. a 2. c 3. b 4. a
8-5	1. e 2. a 3. d 4. b 5. c
8-6	1. radio 2. frigorifero 3. elettrodomestici 4. cucina
8-7	1. l(o)'asciugacapelli 2. l(o)'asciugamano 3. il cavatappi 4. il colapasta
8-8	1. d 2. a 3. b 4. c
8-9	1. c 2. d 3. a 4. b
8-10	1. passare l'aspirapolvere / il battitappeto 2. asciugare 3. stirare 4. lavano 5. mettere in ordine
8-11	1. a 2. b 3. b 4. d
8-12	1. d 2. a 3. c 4. b 5. e
8-13	1. Fanno bollire il latte. 2. Ho fatto friggere le zucchine. 3. La mamma ha fatto da mangiare per venti persone. 4. Mia nipote mi aiuta a pelare le patate. 5. Renato ha fatto il pesce alla griglia.
8-14	1. b 2. a 3. b 4. c
8-15	1. e, *evening gown* 2. g, *wine glass* 3. c, *bedroom* 4. d, *nightgown* 5. a, *shaving cream* 6. f, *tea set* 7. b, *toothbrush*
8-16	1. il pane 2. una torta 3. la crostata 4. marmellata 5. gelato
8-17	1. e 2. c 3. a 4. f 5. d 6. b
8-18	1. b 2. c 3. a 4. b
8-19	1. a 2. b 3. a 4. b
8-20	1. d 2. b 3. c 4. e 5. a
8-21	1. vino; vino 2. liquore 3. bevanda 4. spremuta
8-22	1. macinato 2. salata 3. da asporto 4. integrale 5. mangiabile

9   Transportation, traffic, and travel

9-1	1. biglietto 2. autostoppista 3. pedoni 4. strisce pedonali 5. pendolare
9-2	1. in macchina; in aereo 2. con la moto 3. con l'aereo 4. in tram 5. a piedi 6. in bici
9-3	1. d 2. e 3. m 4. b 5. c 6. k 7. a 8. i 9. l 10. h 11. j 12. f 13. g
9-4	1. fa la coda / è in coda 2. cammina 3. noleggiamo 4. fa il pendolare 5. obliterare/convalidare il biglietto
9-5	1. a 2. b 3. c 4. b
9-6	1. b 2. c 3. a 4. e 5. f 6. i 7. h 8. d 9. g
9-7	1. b 2. b 3. c 4. a
9-8	1. c 2. d 3. e 4. a 5. b
9-9	1. a 2. b 3. c 4. c
9-10	1. d 2. c 3. a 4. d
9-11	1. a destra; a sinistra 2. d[i]ritto 3. da nessuna parte 4. a doppio senso 5. a senso unico
9-12	1. N 2. Y 3. N 4. N 5. Y
9-13	1. rimandato 2. ha/è decollato 3. imbarcare il bagaglio 4. Ho perso 5. ci vogliono 6. ci ha messo
9-14	1. bagaglio a mano 2. i trasporti a terra 3. il volo 4. Il comandante 5. finestrino 6. biglietto elettronico 7. gli assistenti di volo
9-15	1. f/e 2. e/f 3. a/c 4. c/a 5. b/d 6. d/b
9-16	1. a terra 2. andata e ritorno 3. piano/adagio/lentamente 4. in ritardo 5. presto 6. lento/piano

9-17   1. Dario is the oldest child.   2. Dario is two years older than Gianni.   3. They bought a used car at a very low price.   4. The window seat is less uncomfortable than the aisle seat.   5. The Cinquecento was a very small car, but it was a lot of fun.   6. A Ferrari is faster than a Mercedes.   7. On the highway in Germany you can drive really fast.   8. Vincenzo took an excellent trip to Patagonia.

10 Tourism

10-1   1. b   2. c   3. a   4. b

10-2   1. c, *to go camping*   2. g, *to go on a cruise*   3. d, *to be a party of six*   4. a, *to go sightseeing*   5. f, *to make a long weekend of it*   6. b, *to spend time*   7. h, *to get a tan*   8. e, *to pay the bill*

10-3   1. alla cameriera   2. l(a)'albergatrice   3. bed & breakfast   4. alla reception / al concierge   5. sistemazione

10-4   1. panorama   2. ristorante   3. chef   4. camere   5. paninoteca; ristorante

10-5   1. Mi chiamo   2. prenotare   3. biglietto   4. passeggeri   5. sistemazione   6. pensione   7. cara   8. ristorante   9. buon giorno   10. grazie

10-6   1. f   2. b   3. a   4. c   5. d   6. e

10-7   1. c   2. a   3. b   4. f   5. d   6. e

10-8   1. tintarella   2. calcetto/calciobalilla   3. spiaggia   4. lungomare   5. fare sub

10-9   1. cima/vetta   2. borraccia   3. sacco   4. alpinisti   5. picozza

10-10   1. Do you know a Brazilian?   2. Greeks learn languages easily.   3. The interpreter is translating from Russian into German.   4. The European Union has twenty-three official languages, including Maltese and Slovak.   5. I'm Italian, but my children are American.

10-11   1. Vai a Gerusalemme?   2. Elena va in Russia passando dalla/per la Polonia.   3. Sua moglie è di Stoccolma.   4. Gabriella è stata in Giappone.   5. Sua moglie ritorna da Stoccolma.   6. I miei genitori arrivano dalla Finlandia domani.   7. Vuole andare in Cina.   8. Passano dall'Olanda / per l'Olanda.

10-12   1. There are dialects in the United States, too.   2. What does *autochthonous* mean? It's not in my dictionary.   3. She's bilingual. She will become a simultaneous translator.   4. Lalla learned sign language because her son is deaf and mute.   5. My sister learned German and Russian by herself.

11 Education and technology

11-1   1. anno scolastico   2. elementari   3. superiori   4. medie   5. asilo   6. asilo nido

11-2   1. The children are in/at church.   2. My children go to the church in our neighborhood.   3. They made me wait for two hours at the clinic.   4. My husband is going to the hospital tomorrow.   5. At our country house we can host twenty people.   6. I'm in your brother's car.   7. Will you be at home tonight?   8. Are you going to the theater Saturday?

11-3   1. N   2. Y   3. N   4. N

11-4   1. tagliato [la scuola]   2. hanno passato gli   3. fa attenzione   4. frequentano la   5. impara... a memoria; senza copiare

11-5   1. ha espulso / ha punito   2. dà il voto   3. corregge   4. ha dato   5. spiega/insegna

11-6   1. Prendi tre corsi obbligatori?   2. Non è uno studente brillante.   3. Le sue risposte sono giuste.   4. Prendo due corsi facoltativi.   5. Quello studente è distratto.   6. Tuo fratello è negato per la chimica.

11-7   1. c   2. d   3. c

11-8   1. b   2. c   3. a   4. a

11-9   1. l'educazione civica   2. la matematica   3. il latino   4. la storia   5. la geografia

11-10   1. seminario   2. borsa di studio   3. preside   4. tasse universitarie   5. professore   6. crediti   7. sillabo

11-11   1. fare lezione   2. iscriversi   3. laureata   4. fa una conferenza   5. laurearti   6. fare ricerca

11-12 1. il dischetto 2. il mouse 3. il computer 4. la pila 5. il portatile

11-13 1. d 2. c 3. a 4. a

11-14 1. inserire 2. reboot 3. masterizzi 4. backup 5. cliccare

11-15 1. c 2. e 3. b 4. d 5. a

11-16 1. Giorgio è on line cinque ore al giorno. 2. Il mio indirizzo e-mail è valeria punto guidi chiocciola fastnet punto net. 3. Non risponde alle e-mail. Deve essere off line. 4. L'opzione Back ti manda alla pagina precedente. 5. Il nuovo software è davvero user friendly.

11-17 (1) internet (2) chattare (3) e-mail (4) sito (5) videogame (6) fa il log-in (7) internet (8) e-mail (9) software

12 Culture, the arts, and leisure time

12-1 1. c 2. c 3. a 4. b

12-2 1. N 2. Y 3. Y 4. N 5. Y

12-3 1. l(o)'arredatore 2. l(o)'acrobata 3. l(o)'albergatore 4. l(o)'attore 5. il consumatore 6. l(o)'editore 7. il lettore 8. il musicista 9. il poeta 10. il regista

12-4 1. legge 2. scritto; scritto 3. intitolato 4. stampati 5. racconta 6. pubblicare

12-5 1. c 2. b 3. a 4. c

12-6 1. giornale radio 2. ascoltatori/spettatori 3. radio 4. radiocronista 5. reti

12-7 1. via cavo 2. esaurito 3. dal vivo / in diretta 4. in onda 5. registrato

12-8 1. fotografo 2. regista 3. multisala 4. macchina fotografica 5. sottotitoli

12-9 1. d 2. b 3. c 4. a

12-10 1. ritmo 2. compositore 3. gruppo 4. bis 5. direttore/direttrice 6. cantante

12-11 1. la regista 2. il compositore 3. il musicista 4. il direttore 5. un film

12-12 1. a 2. b 3. d 4. a

12-13 1. architetto 2. designer 3. modella 4. pittori; scultori; architetti 5. pittore

12-14 1. L'architetto progetta lo stadio. 2. La grafica disegna il logo della ditta. 3. La modella posa per il pittore. 4. La pittrice dipinge l'affresco. 5. Lo scultore scolpisce la statua.

12-15 1. a, *bathing suit* 2. d, *typewriter* 3. f, *golf ball* 4. e, *soccer ball* 5. g, *tennis racket* 6. c, *rucksack/backpack* 7. b, *gym shoes / sneakers* 8. h, *ski boots*

12-16 1. divertire 2. giocano 3. si è divertito 4. dato scacco matto 5. bara

12-17 1. allenatrice personale 2. aerobica 3. ginnastica 4. scarpe da ginnastica

12-18 1. b 2. c 3. b 4. a

12-19 1. c 2. h 3. d 4. g 5. a 6. e 7. b 8. f

12-20 1. b, *distance learning* 2. c, *hand luggage* 3. g, *grilled meat* 4. a, *contact lenses* 5. d, *ballpoint pen* 6. f, *oil painting* 7. e, *high-speed train*

12-21 1. il calcio / il football 2. la pallacanestro / il basketball 3. il baseball 4. il football americano

12-22 1. fatto vela 2. giocano a calcio / football 3. allena 4. pari 5. si è tuffato

13 Work and business

13-1 1. Y 2. Y 3. N 4. N 5. N

13-2 1. liberi professionisti 2. ingegnere 3. operai 4. capo/boss/principale 5. manager

13-3 1. stagionale 2. freelance 3. a tempo pieno 4. a tempo parziale 5. disoccupato 6. impiegata

13-4 1. b 2. d 3. a 4. f 5. e 6. c

13-5   1. sfruttati   2. scioperare   3. licenziato   4. prende le ferie   5. vai in pensione

13-6   1. messaggi   2. interno   3. fax   4. segnale acustico   5. operatrice

13-7   1. la consegna   2. sulla busta   3. il timbro   4. nella buca delle lettere   5. dal portalettere

13-8   1. firmare   2. telefonato   3. squilla   4. richiamare   5. riattaccare   6. restare in linea

13-9   1. fragile   2. in mutua   3. urgente   4. in ferie   5. in ufficio   6. per telefono

13-10   1. d   2. a   3. d   4. c

13-11   1. Hanno reso poco.   2. Lo sto finanziando.   3. Sto rischiando.   4. Qualcuno sta speculando.
         5. Ho avuto un profitto.

13-12   1. c   2. e   3. a   4. b   5. d   6. f

13-13   1. preso a/in prestito   2. Imprestiamo   3. fatto bancarotta   4. cambiare i soldi   5. risparmia
         6. prelevare

13-14   1. fabbrica   2. soci   3. monopoli   4. donna d'affari   5. produttività   6. robot   7. multinazionale

13-15   1. F   2. T   3. F   4. T   5. F   6. T

13-16   1. c   2. b   3. a   4. b

14 Government, politics, and society

14-1   1. bandiera   2. permesso di soggiorno   3. cittadinanza   4. frontiera   5. immigrante   6. straniero

14-2   1. d   2. a   3. c   4. b

14-3   1. deputati; senatori   2. primo ministro   3. re; regina   4. presidente   5. sindaco

14-4   1. N   2. Y   3. Y   4. N   5. N   6. N

14-5   1. e   2. d   3. a   4. c   5. b

14-6   1. presentarsi candidato   2. approvare   3. protestare   4. partecipare   5. eleggere

14-7   1. a favore   2. dittatoriale   3. contrario all'   4. pubblico   5. internazionale

14-8   (1) Rappresentanti   (2) donne   (3) italiana   (4) politica   (5) vittoria   (6) voti   (7) legge
         (8) legge   (9) diritti

14-9   1. centrismo, centrista; *centrism, centrist*   2. comunismo, comunista; *communism, communist*
         3. estremismo, estremista; *extremism, extremist*   4. fascismo, fascista; *fascism, fascist*   5. femminismo,
         femminista; *feminism, feminist*   6. fondamentalismo, fondamentalista; *fundamentalism, fundamentalist*
         7. progressismo, progressista; *progressivism, progressive*   8. socialismo, socialista; *socialism, socialist*

14-10   1. anarchismo, *anarchism*   2. conservatorismo, *conservatism*   3. liberalismo, *liberalism*   4. localismo,
         localism   5. moderatismo, *moderatism*   6. radicalismo, *radicalism*

14-11   1. il comune, *town / city hall / municipality*   2. il crimine, *crime*   3. l(o)'elettore, *elector*   4. la mente,
         mind   5. la persona, *person*   6. la razza, *race*   7. lo stato, *state*   8. la tradizione, *tradition*

14-12   1. a   2. b   3. c   4. a   5. b

14-13   1. deruba   2. denunci   3. commette un omicidio   4. molesta   5. rapita/sequestrata

14-14   1. I poliziotti hanno arrestato il sospettato.   2. In Italia non esiste la pena di morte.   3. La prove
         presentate dall'accusa non hanno convinto la giuria.   4. Non ha un soldo: non può prendersi un avvocato.
         5. Per paura della mafia, la testimone è protetta dalla polizia.

14-15   1. confessare   2. permettere   3. assolvere   4. rilasciare   5. arrestare

14-16   1. d   2. c   3. a   4. d   5. c

14-17   1. fare la pace   2. obbedire   3. ferito   4. catturi   5. tradisci   6. arrendi

14-18   1. e   2. b   3. c   4. a   5. d

14-19   1. pacifismo   2. tortura   3. rifugiati   4. diritti umani   5. asilo politico

15 Nature and the environment

15-1 1. Mercurio 2. Venere 3. Terra 4. Marte 5. Giove 6. Saturno 7. Urano 8. Nettuno

15-2 (1) Sole (2) galassia (3) sistema solare (4) pianeti (5) pianeta (6) satelliti (7) Luna
(8) satelliti (9) lune (10) Giove (11) cannocchiale (12) Saturno

15-3 1. calotte polari 2. meridiani 3. paralleli 4. cielo 5. aria 6. atmosfera

15-4 1. N 2. Y 3. Y 4. N 5. N 6. Y

15-5 1. d 2. e 3. h 4. b 5. c 6. g 7. f 8. a

15-6 1. It doesn't seem true to me.   2. It's better to take the 7 A.M. train.   3. It rained for three nights.
4. It seems they will get a divorce.   5. It will snow tomorrow.   6. We need/have to talk to him.
7. "She was punished because she told the truth." "It happens to honest people."   8. What happened?

15-7 1. coperto 2. secco 3. tropicale 4. profondo 5. temperato 6. caldissimo 7. umido/afoso
8. all'ombra

15-8 1. a 2. c 3. b 4. b 5. a

15-9 1. le fonti dell'inquinamento: il carbone, i carburanti, il rumore, il petrolio, i pesticidi, lo spreco
2. le conseguenze dell'inquinamento: il riscaldamento/surriscaldamento globale, l'effetto serra, lo smog
3. gli strumenti per combattere l'inquinamento: la conservazione, i pannelli solari, i mulini a vento, il
riciclaggio

15-10 1. accettabile, *acceptable* 2. curabile, *curable* 3. lavabile, *washable* 4. leggibile, *legible* 5. montabile,
assemblable 6. navigabile, *navigable* 7. portabile, *wearable/decent* 8. sopportabile, *bearable*

15-11 1. incurabile, *incurable* 2. indescrivibile, *undescribable* 3. illeggibile, *illegible* 4. immangiabile,
inedible 5. impresentabile, *unpresentable* 6. irraggiungibile, *unreachable* 7. irrespirabile, *unbreathable*
8. insopportabile, *unbearable* 9. invisibile, *invisible*

15-12 1. campi 2. fienile 3. mais/gran[o]turco 4. veterinario 5. OGM

15-13 1. addomesticare 2. domati; addomesticati 3. seminare 4. irrigano 5. fertilizzanti
6. vendemmia 7. aravano

15-14 1. selezione naturale 2. clone 3. relatività 4. adattamento 5. microscopio

15-15 cinque rose, dell'edera (*why not?*), dieci margherite, due gigli, otto tulipani

15-16 1. T 2. F 3. T 4. T 5. F 6. T 7. F

16 Measurements, time, and dates

16-1 1. addizione 2. divisione 3. sottrazione 4. moltiplicazione 5. angoli, lati

16-2 1. fare il totale 2. dividere 3. sottrarre 4. contare 5. durato 6. pesare 7. misurare

16-3 1. positivo 2. negativo 3. decimale 4. dispari 5. falso 6. unico

16-4 1. c 2. d 3. b 4. e 5. a

16-5 1. b 2. a 3. b 4. a

16-6 1. A 2. tra 3. per 4. alle 5. dal 6. [per] 7. a

16-7 1. Aprile, giugno, settembre, novembre 2. Gennaio, marzo, maggio, luglio, agosto, ottobre, dicembre
3. Febbraio 4. sabato, domenica 5. gennaio 6. dicembre 7. giugno 8. marzo

16-8 1. e mezza 2. in anticipo 3. l(o)'ultimo 4. ritarda / va indietro 5. ieri 6. un quarto
7. È mezzanotte. 8. È mezzogiorno. 9. domani 10. solo

17 Italian in the twenty-first century: E-life

17-1 1. c 2. b 3. f 4. h 5. a 6. g

17-2 1. c 2. a 3. b 4. c 5. a

17-3 1. cloud computing 2. rete sociale 3. gruppo di discussione 4. chat room 5. piattaforme sociali

17-4   1. c   2. e   3. d   4. b   5. a   6. f

17-5   1. a   2. b   3. a   4. c

17-6   1. A lot of universities now rely on distance learning.   2. Marina's daughter is in therapy for depression, because she's been a victim of cyberbullying.   3. Instant messaging didn't exist when you were my age?! Incredible!   4. "What happened to Paul? He doesn't chat with us anymore?" "No, ever since some people launched a blazing flaming campaign against him."   5. Twitter is not cool anymore for me; even my old folks have devoted themselves to twittering.   6. Pupetta is playing cool, saying that she will use only the self-learning method from now on. I want to see what will happen at the big examination at the end of high school.

17-7   1. ciattare   2. taggare   3. floodata   4. scrollare   5. postato

17-8   1. internettiano   2. cyberspaziale   3. scalabile   4. remoto   5. sincronico   6. virtuale